Gestalt-thérapie Simplifiée

La Gestalt-thérapie Simplifiée

Yves Guéchi

Published by Yves Guéchi, 2024.

While every precaution has been taken in the preparation of this book, the publisher assumes no responsibility for errors or omissions, or for damages resulting from the use of the information contained herein.

LA GESTALT-THÉRAPIE SIMPLIFIÉE

First edition. March 3, 2024.

ISBN: 979-8224162932

Written by Yves Guéchi.

Table of Contents

I - Introduction à la Gestalt Thérapie, Définition, Origine, Principes de base

Définitions et un peu d'histoire.

La Gestalt thérapie est une approche de la psychothérapie qui se concentre sur l'expérience actuelle de la personne dans le moment présent. Elle considère la personne dans sa globalité, en prenant en compte ses émotions, ses pensées, son comportement et ses relations avec les autres.

La Gestalt thérapie a été développée dans les années 1950 par Fritz Perls et ses collaborateurs. Elle est basée sur la philosophie humaniste, qui met l'accent sur l'importance de la croissance personnelle et de l'auto-réalisation.

La Gestalt thérapie se concentre sur l'ici et maintenant plutôt que sur le passé ou le futur. Elle utilise des techniques telles que la conscience du corps, la respiration, la visualisation et le dialogue interne pour aider les personnes à prendre conscience de leurs schémas de pensée, de leurs émotions et de leur comportement.

Les gestaltistes croient que l'expérience actuelle est plus importante que les interprétations et les explications intellectuelles. Ils encouragent les personnes à explorer leurs sentiments et leurs sensations corporelles dans le moment présent plutôt que de se concentrer sur l'analyse ou la compréhension de leur passé.

La Gestalt thérapie est souvent utilisée pour traiter des problèmes tels que l'anxiété, la dépression, le stress, les troubles de la personnalité et les problèmes relationnels. Elle est également utilisée pour aider les personnes à développer leur créativité et leur potentiel personnel.

Les premiers termes et concepts gestaltistes

LES PREMIERS TERMES et concepts gestaltistes incluent :

1. Gestalt : Ce terme allemand signifie « forme » ou « configuration », et en Gestalt-thérapie, il fait référence à la manière dont les individus perçoivent et organisent leur expérience de manière cohérente.

2. Principe d'organisation perceptive : Les psychologues gestaltistes ont étudié la manière dont les individus organisent leur expérience perceptive en utilisant des principes tels que la proximité, la similitude, la continuité et la fermeture.

3. Figure-fond : Ce concept décrit la manière dont les individus perçoivent les objets dans leur environnement en les distinguant d'un arrière-plan plus flou.

4. Principe de bonne forme : Ce principe stipule que les individus ont tendance à percevoir des formes simples et régulières plutôt que des formes complexes et irrégulières.

5. Insatisfaction créatrice : Les gestaltistes croient que les individus sont naturellement enclins à chercher un sens et une signification dans leur vie, et que cette insatisfaction créatrice peut être une source de motivation et de croissance personnelle.

6. Cycle de l'expérience : Ce modèle décrit le processus par lequel les individus font l'expérience de leur environnement, en passant par les phases d'excitation, de contact, de satisfaction et de retrait.

7. Intégration : Les gestaltistes croient que l'intégration est un processus naturel par lequel les individus organisent leur expérience et leur comportement en un tout cohérent.

Ces concepts ont évolué pour devenir des éléments clés de la Gestalt-thérapie, qui s'est développée à partir des années 1940 en Allemagne et aux États-Unis.

L'annonce des objectifs de la Gestalt-thérapie

LA GESTALT-THÉRAPIE a plusieurs objectifs, qui peuvent varier en fonction des besoins et des objectifs spécifiques de chaque individu. Voici quelques-uns des objectifs courants de la Gestalt-thérapie :

1. Favoriser la prise de conscience : La Gestalt-thérapie vise à aider les individus à prendre conscience de leur expérience présente et de leurs schémas de comportement habituels. En prenant conscience de ces schémas, les individus peuvent commencer à apporter des changements positifs à leur vie.

2. Encourager la responsabilité personnelle : La Gestalt-thérapie encourage les individus à prendre la responsabilité de leur propre vie et de leurs choix, et à cesser de blâmer les autres pour leurs problèmes.

3. Développer la confiance en soi : La Gestalt-thérapie peut aider les individus à développer leur confiance en eux-mêmes et à se sentir plus à l'aise dans leur propre peau.

4. Améliorer les relations interpersonnelles : La Gestalt-thérapie peut aider les individus à mieux comprendre leur relation avec les autres et à améliorer leur communication et leur connexion avec les autres.

5. Encourager l'expression émotionnelle : La Gestalt-thérapie vise à encourager les individus à s'exprimer émotionnellement de manière authentique et à apprendre à gérer leurs émotions de manière saine.

6. Favoriser la croissance personnelle : La Gestalt-thérapie peut aider les individus à découvrir leur potentiel de croissance personnelle et à atteindre leurs objectifs de vie.

En travaillant sur ces objectifs, les individus peuvent améliorer leur qualité de vie et trouver plus de satisfaction et de sens dans leur vie quotidienne.

Les personnes susceptibles d'être intéressées par cette thérapie

LA GESTALT-THÉRAPIE peut être utile pour un large éventail de personnes qui cherchent à améliorer leur vie et leur bien-être psychologique. Voici quelques-unes des personnes susceptibles d'être intéressées par cette thérapie :

1. Les personnes qui cherchent à mieux comprendre elles-mêmes et leur expérience : La Gestalt-thérapie peut aider les individus à prendre conscience de leurs schémas de pensée et de comportement, et à mieux comprendre leur expérience personnelle.

2. Les personnes qui cherchent à améliorer leurs relations interpersonnelles : La Gestalt-thérapie peut aider les individus à mieux comprendre leur relation avec les autres et à améliorer leur communication et leur connexion avec les autres.

3. Les personnes qui cherchent à mieux gérer leurs émotions : La Gestalt-thérapie peut aider les individus à exprimer leurs émotions de manière saine et à apprendre à les gérer de manière efficace.

4. Les personnes qui cherchent à développer leur confiance en eux-mêmes : La Gestalt-thérapie peut aider les individus à découvrir leur potentiel de croissance personnelle et à développer leur confiance en eux-mêmes.

5. Les personnes qui cherchent à résoudre des problèmes spécifiques : La Gestalt-thérapie peut aider les individus à faire face à une variété de problèmes tels que l'anxiété, la dépression, le stress, les difficultés relationnelles, les traumatismes, etc.

6. Les personnes qui cherchent à se développer personnellement : La Gestalt-thérapie peut aider les individus à découvrir leur potentiel de croissance personnelle et à atteindre leurs

objectifs de vie.

Il est important de noter que la Gestalt-thérapie peut être adaptée pour répondre aux besoins spécifiques de chaque individu et que chaque personne peut en bénéficier, quelle que soit son âge, son sexe ou sa culture.

Un questionnaire de base

LE QUESTIONNAIRE DE base est un outil utilisé en Gestalt-thérapie pour aider le thérapeute à mieux comprendre le client et sa situation. Il s'agit d'un ensemble de questions qui permettent de recueillir des informations sur l'histoire de vie du client, ses relations interpersonnelles, ses expériences émotionnelles et son état actuel.

Le questionnaire de base peut varier d'un thérapeute à l'autre, mais il comprend généralement les éléments suivants :

1. Informations de base : nom, âge, profession, situation familiale, etc.
2. Histoire de vie : l'enfance, l'adolescence, les événements marquants de la vie, les relations familiales, les expériences émotionnelles importantes, etc.
3. Relations interpersonnelles : les relations familiales et amoureuses actuelles, les difficultés relationnelles, les schémas de communication, etc.
4. Symptômes actuels : les problèmes de santé mentale actuels, les symptômes physiques, les comportements problématiques, etc.
5. Objectifs de la thérapie : ce que le client espère obtenir de la thérapie, ses attentes, ses craintes, etc.

Le questionnaire de base est un point de départ pour la thérapie et permet au thérapeute d'avoir une meilleure compréhension du client et de ses besoins. Il peut également aider le client à réfléchir à son histoire de vie et à ses objectifs de thérapie.

Un code de déontologie

LA GESTALT-THÉRAPIE a plusieurs associations et fédérations professionnelles qui établissent des codes de déontologie pour les praticiens de la Gestalt-thérapie.

Ces codes ont pour but de guider les professionnels dans leur pratique et de protéger les clients.

Voici quelques exemples de principes et de valeurs qui sont souvent inclus dans les codes de déontologie de la Gestalt-thérapie :

- Respect de la personne et de sa dignité : le thérapeute s'engage à respecter la personne dans toutes ses dimensions, sans discrimination ni jugement.

- Confidentialité : le thérapeute doit préserver la confidentialité des informations échangées avec le client.

- Responsabilité professionnelle : le thérapeute doit avoir les compétences nécessaires pour exercer sa profession, il doit maintenir et améliorer constamment ses compétences et sa formation professionnelle.

- Transparence : le thérapeute doit être transparent dans sa pratique et doit informer le client sur les objectifs de la thérapie, les méthodes utilisées, la durée et le coût de la thérapie.

- Respect des limites : le thérapeute doit respecter les limites professionnelles et personnelles, et ne doit pas utiliser sa position pour satisfaire ses propres besoins.

● Intégrité : le thérapeute doit être honnête et intègre dans toutes ses relations avec le client et ne doit pas abuser de sa position.

Ces principes et valeurs sont fondamentaux pour la pratique éthique de la Gestalt-thérapie.

Les cinq principes de base de la Gestalt-thérapie.

JE TIENS À PRÉCISER que les cinq principes de base de la Gestalt-thérapie peuvent varier en fonction des écoles et des auteurs. Cependant, voici une présentation des cinq principes les plus couramment reconnus en Gestalt-thérapie :

1. La simplicité : La Gestalt-thérapie encourage la simplicité dans la vie et dans la relation thérapeutique. Les thérapeutes cherchent à comprendre les problèmes des clients en se concentrant sur les événements et les situations présents, plutôt que de se perdre dans des théories complexes ou des interprétations abstraites.

2. L'originalité du point de vue : Chaque individu a sa propre perspective sur le monde. La Gestalt-thérapie encourage les clients à exprimer leur point de vue unique et à trouver leur propre manière de vivre leur vie.

3. L'homéostasie : L'homéostasie est le processus par lequel un système se maintient en équilibre. La Gestalt-thérapie encourage les clients à trouver un équilibre entre leurs besoins contradictoires et leurs tendances opposées. Les thérapeutes aident les clients à prendre conscience de ces tendances et à trouver des moyens de les intégrer de manière créative.

4. L'approche holistique : La Gestalt-thérapie considère l'individu dans sa globalité : corps, esprit et émotion. Les thérapeutes cherchent à comprendre l'expérience totale du client et à trouver des solutions qui prennent en compte tous les aspects de sa vie.

5. La frontière-contact : La frontière-contact représente la zone de contact entre l'individu et son environnement. La Gestalt-thérapie encourage les clients à explorer et à développer leur frontière-contact afin d'élargir leur expérience de vie et de

trouver des moyens plus créatifs d'interagir avec leur environnement.

Ces cinq principes de base de la Gestalt-thérapie sont souvent utilisés comme cadre de référence pour la pratique de la thérapie et pour aider les clients à développer une compréhension plus profonde d'eux-mêmes et de leur relation avec le monde qui les entoure.

II - Histoire de la Gestalt Thérapie

Les racines occidentales et philosophiques de la Gestalt-thérapie.

La Gestalt-thérapie est une approche thérapeutique développée dans les années 1950 en Allemagne par Fritz Perls, Laura Perls, et Paul Goodman. Cette approche est ancrée dans les traditions philosophiques et culturelles occidentales, notamment dans la philosophie existentialiste, la psychologie de la forme (Gestalt), la psychanalyse, la phénoménologie, et la théorie des systèmes.

La Gestalt-thérapie tire son inspiration de la philosophie existentialiste, qui met l'accent sur la liberté et la responsabilité individuelles. Selon cette philosophie, l'existence humaine est fondamentalement une expérience de la liberté, de la responsabilité et de la créativité. La Gestalt-thérapie valorise donc l'authenticité, l'engagement et la créativité de chaque individu.

La Gestalt-thérapie est également inspirée de la psychologie de la forme, ou Gestalt, qui étudie la manière dont nous percevons et organisons notre expérience sensorielle et cognitive. La Gestalt-thérapie considère l'expérience comme un tout intégré, qui ne peut pas être compris en analysant ses parties isolées. Elle met donc l'accent sur la prise de conscience de l'expérience globale, plutôt que sur l'analyse de ses éléments.

En outre, la Gestalt-thérapie emprunte des concepts à la psychanalyse, notamment l'importance de l'inconscient, de la régression, et de la résolution des conflits. La théorie des systèmes, qui étudie les interactions entre les éléments d'un système, est également une influence importante sur la Gestalt-thérapie.

En somme, la Gestalt-thérapie est une approche thérapeutique qui tire ses racines philosophiques et culturelles de plusieurs traditions occidentales, notamment la philosophie existentialiste, la psychologie de la forme, la psychanalyse, la phénoménologie, et la théorie des systèmes.La notion de self en Gestalt-thérapie fait référence à la manière dont l'individu perçoit et comprend sa propre identité. Le self est un concept dynamique, qui évolue constamment en fonction des expériences et des interactions avec l'environnement.

La Gestalt-thérapie considère que le self est en constante interaction avec l'environnement, et en particulier avec les autres personnes. Cette interaction est appelée le contact. Le contact implique une ouverture à l'altérité, c'est-à-dire à la différence et à la diversité des autres personnes.

Le contact avec l'altérité est donc un aspect important de la Gestalt-thérapie, car il permet à l'individu de se connecter avec les autres et de mieux comprendre les différences culturelles, sociales et personnelles. Le contact avec l'altérité permet également à l'individu de se développer et de se transformer en tant que personne, en étant capable de se remettre en question et de remettre en question ses propres croyances et schémas de pensée.

En somme, la notion de self et de contact avec l'altérité en Gestalt-thérapie met l'accent sur l'importance de la dynamique entre l'individu et l'environnement, ainsi que sur l'ouverture et la compréhension de la différence et de la diversité des autres personnes.

L'influence de la Gestalt-psychologie

LA GESTALT-PSYCHOLOGIE a eu une grande influence sur le développement de la Gestalt-thérapie. La Gestalt-psychologie est une approche psychologique qui s'intéresse à la manière dont les individus perçoivent, organisent et interprètent leur expérience sensorielle et cognitive. Cette approche met l'accent sur l'étude de la forme ou de la structure de l'expérience, plutôt que sur l'analyse de ses composants isolés.

La Gestalt-thérapie a repris cette idée et l'a appliquée à la thérapie. Selon la Gestalt-thérapie, les individus ont une tendance naturelle à organiser leur expérience en structures ou en formes. La thérapie consiste donc à aider les individus à prendre conscience de ces structures et à les utiliser pour mieux comprendre leur propre expérience.

La Gestalt-psychologie a également influencé la Gestalt-thérapie dans son approche phénoménologique. La phénoménologie est une méthode philosophique qui étudie les expériences subjectives telles qu'elles sont vécues par les individus. La Gestalt-thérapie adopte cette approche en encourageant les individus à explorer leur expérience immédiate, plutôt que de se concentrer sur leur passé ou sur leurs problèmes.

En somme, la Gestalt-psychologie a eu une grande influence sur la Gestalt-thérapie en fournissant des concepts clés tels que la structure ou la forme de l'expérience et en adoptant une approche phénoménologique pour comprendre l'expérience subjective des individus.

Le rapport entre la Gestalt et la psychanalyse.

LA GESTALT ET LA PSYCHANALYSE ont des points de convergence, mais aussi des différences importantes.

Tout d'abord, les deux approches partagent une vision de l'être humain comme étant complexe, dynamique, et en constante évolution. La psychanalyse et la Gestalt reconnaissent toutes deux l'importance de l'inconscient, des pulsions, des émotions, et des conflits psychiques dans le fonctionnement de l'être humain.

Cependant, la Gestalt-thérapie diffère de la psychanalyse sur plusieurs aspects. Tout d'abord, la Gestalt-thérapie se concentre davantage sur le présent et sur l'expérience immédiate, tandis que la psychanalyse porte une attention plus grande sur le passé et sur les traumas de l'enfance. La Gestalt-thérapie met l'accent sur l'ici-et-maintenant et sur la responsabilité individuelle, tandis que la psychanalyse accorde plus d'importance à l'analyse des conflits inconscients et à leur résolution.

Ensuite, la Gestalt-thérapie est une approche plus active que la psychanalyse. Dans la Gestalt-thérapie, le thérapeute encourage l'individu à explorer et à s'exprimer activement à travers diverses techniques, telles que la mise en scène ou l'expérimentation. En revanche, la psychanalyse implique une plus grande passivité de la part du patient, qui doit se libérer de ses inhibitions et de ses résistances pour accéder à son inconscient.

En somme, bien que la Gestalt et la psychanalyse partagent certaines similitudes, ces approches présentent des différences importantes dans leur approche de l'être humain, dans leur méthode thérapeutique et dans leur objectif.

Quelques grandes figures

TELLES QUE FREUD, FERENCZI, Jung et Winnicott entre autres, et une explication sur les origines de la psychanalyse et ses différences avec la Gestalt-thérapie.

Sigmund Freud est considéré comme le fondateur de la psychanalyse, une approche qui a révolutionné la compréhension de la psyché humaine. La psychanalyse de Freud met l'accent sur l'inconscient, les pulsions, et l'importance de l'enfance dans la formation de la personnalité. Les techniques de la psychanalyse, telles que l'association libre et l'interprétation des rêves, sont destinées à aider les individus à explorer leur inconscient et à comprendre les conflits qui les perturbent.

Sándor Ferenczi, un des disciples de Freud, a développé des approches plus relationnelles et centrées sur le patient, mettant l'accent sur l'empathie, l'authenticité, et la réciprocité dans la relation thérapeutique.

Carl Gustav Jung, quant à lui, a développé sa propre théorie psychologique, appelée psychologie analytique. Cette approche met l'accent sur la compréhension de l'inconscient collectif et de l'archétype, et propose des méthodes thérapeutiques telles que l'amplification et l'imagination active.

Donald Winnicott est un autre psychanalyste célèbre qui a mis l'accent sur l'importance de l'environnement et de la relation précoce dans la formation de la personnalité. Winnicott a également développé des approches innovantes en matière de thérapie de groupe et de thérapie familiale.

En ce qui concerne les différences avec la Gestalt-thérapie, l'approche psychanalytique met davantage l'accent sur l'exploration du passé et sur l'analyse des conflits inconscients. La Gestalt-thérapie, en revanche, se concentre sur l'expérience immédiate et sur le présent, encourageant l'individu à prendre conscience de ses schémas de pensée et de comportement actuels et à explorer les émotions et les sensations qui y sont liées.

De plus, la Gestalt-thérapie est une approche plus active et expérientielle que la psychanalyse, impliquant souvent l'utilisation de techniques telles que la mise en scène, la créativité et l'expérimentation, alors que la psychanalyse se concentre davantage sur l'écoute et l'interprétation verbale.

Les étapes du contact avec la non-communication, la communication inhibée, la communication aléatoire et la communication efficiente.

EN GESTALT-THÉRAPIE, les étapes du contact avec la communication peuvent être divisées en quatre niveaux : la non-communication, la communication inhibée, la communication aléatoire et la communication efficiente. Voici une brève explication de chacune de ces étapes :

1. La non-communication : cette étape est caractérisée par un manque de communication, où l'individu ne parle pas ou n'exprime pas ses émotions. Cela peut être dû à une variété de raisons, telles que la peur de la confrontation, la peur de l'échec ou la peur de la réaction des autres.

2. La communication inhibée : cette étape se caractérise par une communication limitée et restreinte, où l'individu ne s'exprime pas pleinement ou n'exprime pas ses sentiments de manière adéquate. Cela peut être dû à des blocages internes, tels que la peur de se montrer vulnérable ou la peur du jugement des autres.

3. La communication aléatoire : cette étape est caractérisée par une communication qui est souvent imprévisible et peu cohérente. L'individu peut exprimer ses émotions de manière inappropriée ou utiliser des comportements passifs-agressifs pour communiquer ses besoins.

4. La communication efficiente : cette étape est caractérisée par une communication claire, directe et efficace. L'individu est capable d'exprimer ses sentiments et ses besoins de manière appropriée, sans peur ou inhibition. Cette étape est atteinte lorsque l'individu prend conscience de ses propres blocages internes et travaille à les surmonter, tout en étant ouvert à

l'expérience et à la communication avec les autres.

En somme, les étapes du contact avec la communication en Gestalt-thérapie mettent l'accent sur l'importance de prendre conscience de ses propres blocages internes et de travailler à les surmonter pour atteindre une communication claire, directe et efficace avec les autres. Cela implique de prendre conscience de ses émotions, de ses besoins et de ses

Les racines orientales de la Gestalt-thérapie avec le taoïsme, le tantrisme et le zen.

LA GESTALT-THÉRAPIE a été influencée par différentes traditions orientales, telles que le taoïsme, le tantrisme et le zen. Ces influences ont contribué à la vision holistique de la Gestalt-thérapie, qui considère l'être humain comme faisant partie intégrante de son environnement et qui valorise l'expérience immédiate et l'ici-et-maintenant.

Le taoïsme, une tradition chinoise ancienne, met l'accent sur la recherche de l'équilibre et de l'harmonie dans la vie. Cette approche a inspiré la Gestalt-thérapie dans son approche globale de la santé mentale, qui vise à rétablir l'équilibre entre les différents aspects de la vie, tels que le corps, l'esprit et l'environnement.

Le tantrisme, une tradition spirituelle indienne, met l'accent sur la relation entre l'individu et l'univers, et sur la recherche de l'unité entre le corps et l'esprit. Cette approche a inspiré la Gestalt-thérapie dans son approche globale de la personne, qui reconnaît l'importance de l'expérience corporelle et émotionnelle pour la santé mentale.

Le zen, une tradition spirituelle japonaise, met l'accent sur la recherche de la clarté mentale et de la paix intérieure à travers la méditation et l'expérience directe. Cette approche a inspiré la Gestalt-thérapie dans son approche centrée sur l'expérience et l'ici-et-maintenant, qui encourage l'individu à être présent et attentif à ce qui se passe en lui et autour de lui.

En somme, ces traditions orientales ont influencé la Gestalt-thérapie dans son approche globale, holistique et centrée sur l'expérience, qui reconnaît l'importance de l'individu dans son environnement et dans sa recherche de l'harmonie et de l'équilibre intérieurs.

III - La méthode expliquée simplement.

La méthode expliquée simplement avec les notions clés.

La Gestalt-thérapie est une approche thérapeutique qui met l'accent sur l'expérience immédiate et l'ici-et-maintenant, en aidant l'individu à prendre conscience de ses schémas de pensée et de comportement actuels et à explorer les émotions et les sensations qui y sont liées.

La méthode de la Gestalt-thérapie repose sur plusieurs notions clés, notamment :

1. L'ici-et-maintenant : la Gestalt-thérapie se concentre sur l'expérience immédiate de l'individu, en aidant celui-ci à être présent et attentif à ce qui se passe en lui et autour de lui.

2. La prise de conscience : la Gestalt-thérapie vise à aider l'individu à prendre conscience de ses schémas de pensée et de comportement actuels, afin de mieux comprendre les émotions et les sensations qui y sont liées.

3. Le contact : la Gestalt-thérapie valorise la relation entre l'individu et son environnement, en encourageant l'exploration de la manière dont l'individu entre en contact avec les autres et avec le monde qui l'entoure.

4. L'expression émotionnelle : la Gestalt-thérapie encourage l'expression émotionnelle et la prise en compte des sentiments et des sensations corporelles.

5. La créativité : la Gestalt-thérapie utilise souvent des techniques créatives telles que la mise en scène, la créativité et

l'expérimentation pour aider l'individu à explorer ses schémas de pensée et de comportement.

En somme, la Gestalt-thérapie est une approche thérapeutique centrée sur l'expérience immédiate, la prise de conscience, le contact, l'expression émotionnelle et la créativité, qui vise à aider l'individu à mieux comprendre ses schémas de pensée et de comportement et à explorer les émotions et les sensations qui y sont liées.

La notion de self et de contact avec l'altérité.

LA NOTION DE SELF EN Gestalt-thérapie fait référence à la manière dont l'individu perçoit et comprend sa propre identité. Le self est un concept dynamique, qui évolue constamment en fonction des expériences et des interactions avec l'environnement.

La Gestalt-thérapie considère que le self est en constante interaction avec l'environnement, et en particulier avec les autres personnes. Cette interaction est appelée le contact. Le contact implique une ouverture à l'altérité, c'est-à-dire à la différence et à la diversité des autres personnes.

Le contact avec l'altérité est donc un aspect important de la Gestalt-thérapie, car il permet à l'individu de se connecter avec les autres et de mieux comprendre les différences culturelles, sociales et personnelles. Le contact avec l'altérité permet également à l'individu de se développer et de se transformer en tant que personne, en étant capable de se remettre en question et de remettre en question ses propres croyances et schémas de pensée.

En somme, la notion de self et de contact avec l'altérité en Gestalt-thérapie met l'accent sur l'importance de la dynamique entre l'individu et l'environnement, ainsi que sur l'ouverture et la compréhension de la différence et de la diversité des autres personnes.

La notion de Gestalt inachevée.

LA NOTION DE GESTALT inachevée, également appelée la Gestalt ouverte, est un concept important en Gestalt-thérapie. Elle se réfère au fait que les expériences, les situations et les relations peuvent être perçues comme inachevées ou non résolues, ce qui crée un sentiment d'inconfort ou de malaise chez l'individu.

En d'autres termes, lorsque l'individu vit une situation qui n'est pas résolue, ou qui est interrompue de manière inattendue, cela peut laisser une trace dans sa conscience et laisser une impression d'inachèvement. Cette impression peut être source d'anxiété ou de frustration, car l'individu a le sentiment que quelque chose est resté inachevé ou incomplet.

La Gestalt-thérapie propose que pour surmonter cette impression de Gestalt inachevée, il est important de travailler sur la prise de conscience de ces situations inachevées et de les explorer de manière approfondie. Cela permet à l'individu de comprendre les émotions qui y sont liées, de les exprimer et de les résoudre.

En travaillant sur la Gestalt inachevée, l'individu peut se libérer de la tension et de l'anxiété associées à cette situation inachevée, et ainsi développer sa croissance personnelle et sa capacité à gérer les situations difficiles. En somme, la notion de Gestalt inachevée en Gestalt-thérapie souligne l'importance de la prise de conscience et de l'exploration des situations inachevées pour favoriser la résolution et le développement personnel.

L'excitation comme énergie première.

EN GESTALT-THÉRAPIE, l'excitation est considérée comme l'énergie première de l'organisme. L'excitation est un concept clé qui fait référence à l'énergie que nous utilisons pour interagir avec le monde qui nous entoure. Elle peut être considérée comme une forme d'énergie qui nous permet de réagir aux stimuli externes et internes.

L'excitation est considérée comme une énergie neutre, qui peut être utilisée pour différentes formes d'expression et d'activité, allant de l'agression à l'amour en passant par la créativité. La Gestalt-thérapie suggère que l'excitation est un phénomène naturel, présent dans tous les organismes, et qu'elle est essentielle à la survie et au développement de l'individu.

Dans la Gestalt-thérapie, l'excitation est considérée comme une énergie qui doit être canalisée de manière appropriée pour permettre une croissance et un développement sains. Lorsque l'excitation est bloquée ou mal canalisée, elle peut causer des problèmes tels que l'anxiété, la dépression, la colère ou d'autres formes de dysfonctionnement.

Par conséquent, la Gestalt-thérapie encourage les individus à prendre conscience de leur propre niveau d'excitation et à explorer comment cette énergie peut être utilisée de manière constructive. Cela peut impliquer de prendre conscience des blocages émotionnels ou physiques qui empêchent l'excitation de circuler librement et de travailler pour les surmonter.

En fin de compte, l'excitation en Gestalt-thérapie est considérée comme une énergie vitale et neutre qui peut être utilisée de manière positive ou négative en fonction de la façon dont elle est canalisée et gérée. En travaillant avec l'excitation de manière consciente, les individus peuvent atteindre une plus grande vitalité et une meilleure qualité de vie.

Le renversement du jugement.

LE RENVERSEMENT DU jugement est un concept clé de la Gestalt-thérapie qui se réfère à un processus de changement dans lequel une personne remet en question ses jugements préconçus et perçoit les choses sous un angle différent. Ce processus peut être considéré comme une forme de prise de conscience ou d'élargissement de la perspective.

Dans la Gestalt-thérapie, le renversement du jugement est considéré comme une étape importante dans le processus de développement personnel, car il permet à la personne de voir les choses de manière plus complète et plus nuancée. Cela implique souvent de se libérer des étiquettes et des jugements qui ont été appliqués aux autres ou à soi-même, et de considérer les expériences sous un angle différent.

Le renversement du jugement implique souvent une prise de conscience de la façon dont les jugements peuvent limiter notre perception et notre compréhension de nous-mêmes et du monde qui nous entoure. En questionnant et en remettant en cause les jugements, les individus peuvent élargir leur compréhension de la réalité et se libérer des croyances limitantes.

Le renversement du jugement peut être un processus difficile et exigeant, car cela implique souvent de sortir de sa zone de confort et de remettre en question des croyances profondément ancrées. Cependant, en travaillant avec ce processus, les individus peuvent atteindre une plus grande clarté et une plus grande ouverture d'esprit, ce qui peut être bénéfique pour leur développement personnel et leur bien-être.

En fin de compte, le renversement du jugement en Gestalt-thérapie est un processus important pour permettre aux individus de se libérer des jugements limitatifs et d'élargir leur compréhension de la réalité. Cela peut aider les individus à atteindre une plus grande clarté et une plus grande ouverture d'esprit, ce qui peut favoriser leur développement personnel et leur bien-être général.

La place de l'esprit dans la Gestalt-thérapie.

DANS LA GESTALT-THÉRAPIE, l'esprit joue un rôle central dans la manière dont les individus perçoivent et interagissent avec le monde qui les entoure. L'esprit est considéré comme un processus dynamique qui est en constante interaction avec l'environnement et qui permet aux individus de donner du sens à leur expérience.

Selon la Gestalt-thérapie, l'esprit ne peut être compris indépendamment de l'ensemble du système corps-esprit-environnement dans lequel il fonctionne. L'esprit est considéré comme étant indissociable du corps et de l'environnement, et la manière dont ces éléments interagissent est considérée comme cruciale pour la compréhension de l'expérience humaine.

La Gestalt-thérapie accorde une grande importance à l'expérience subjective et à la manière dont les individus perçoivent et interprètent leur expérience. Les processus mentaux tels que la perception, la mémoire, l'imagination et la pensée sont considérés comme étant des aspects importants de l'expérience humaine, et la manière dont ces processus interagissent avec l'environnement est considérée comme cruciale pour la compréhension de l'expérience subjective.

Dans la Gestalt-thérapie, l'esprit est considéré comme étant flexible et capable de changement, et la thérapie vise à aider les individus à prendre conscience des processus mentaux qui influencent leur expérience et à développer des compétences pour interagir de manière plus consciente avec leur environnement. La thérapie peut aider les individus à développer leur capacité à rester présents dans l'instant présent, à se concentrer sur leur expérience subjective et à explorer leurs processus mentaux de manière plus consciente.

En fin de compte, la place de l'esprit dans la Gestalt-thérapie est centrale, car elle permet aux individus de comprendre et d'explorer leur expérience subjective et de développer des compétences pour interagir de manière plus consciente avec leur environnement. La thérapie vise à aider les individus à développer leur capacité à rester présents dans l'instant présent et à interagir de manière plus efficace avec leur environnement, ce qui peut aider à améliorer leur bien-être général et leur qualité de vie.

IV - Les concepts de base.

Le premier principe : la présence dans l'ici et maintenant.

Le premier principe de la Gestalt-thérapie est la présence dans l'ici et maintenant, également connue sous le nom de "principe de l'awareness". Cela signifie que la thérapie vise à aider les individus à être conscients de leur expérience présente et à rester présents dans l'instant présent.

Le principe de la présence dans l'ici et maintenant est basé sur l'idée que l'expérience humaine est en constante évolution et que la prise de conscience de cette évolution peut aider les individus à mieux comprendre leur expérience et à s'adapter aux changements qui se produisent. La thérapie Gestalt vise à aider les individus à devenir plus conscients de leur expérience en les encourageant à se concentrer sur ce qui se passe dans leur corps, leurs émotions et leur environnement immédiat.

La présence dans l'ici et maintenant peut aider les individus à développer une plus grande clarté mentale et à mieux comprendre leur expérience émotionnelle. Cela peut également aider à réduire l'anxiété et le stress en aidant les individus à se concentrer sur le moment présent plutôt que de s'inquiéter pour l'avenir ou de ressasser le passé.

En fin de compte, le principe de la présence dans l'ici et maintenant est un élément clé de la Gestalt-thérapie, car il permet aux individus de devenir plus conscients de leur expérience et de mieux comprendre comment ils interagissent avec leur environnement. La thérapie vise à aider les individus à rester présents dans l'instant présent et à s'adapter aux changements qui se produisent, ce qui peut aider à améliorer leur bien-être général et leur qualité de vie.

Le deuxième principe : la théorie du self.

LE DEUXIÈME PRINCIPE de la Gestalt-thérapie est la théorie du self, qui se concentre sur l'idée que chaque individu possède un self naturel et organique qui cherche à se développer et à s'exprimer. Le self peut être décrit comme l'ensemble de la personnalité d'un individu, y compris ses pensées, ses émotions, ses comportements et sa manière d'interagir avec le monde qui l'entoure.

Selon la théorie du self en Gestalt-thérapie, les individus sont naturellement orientés vers la croissance et l'auto-régulation. Cependant, les blocages ou les perturbations dans ce processus de développement peuvent survenir en raison de l'environnement familial, social ou culturel, ainsi que des expériences traumatisantes.

La Gestalt-thérapie vise à aider les individus à développer leur self et à s'exprimer de manière authentique en explorant leur expérience présente et en travaillant sur les obstacles qui peuvent entraver leur croissance personnelle. Cette exploration est généralement menée à travers des dialogues entre le client et le thérapeute, ainsi que par l'utilisation de techniques telles que la prise de conscience corporelle, l'imagerie mentale et la visualisation.

La théorie du self en Gestalt-thérapie implique également l'idée que chaque individu est unique et que le processus de développement personnel doit être adapté aux besoins spécifiques de chaque personne. En travaillant avec le self naturel de l'individu, la Gestalt-thérapie vise à aider les gens à devenir plus autonomes et à trouver leur place dans le monde qui les entoure.

En fin de compte, le deuxième principe de la Gestalt-thérapie, la théorie du self, est un élément clé de la pratique car elle met l'accent sur le développement personnel et la croissance de l'individu. En travaillant avec le self naturel de l'individu, la thérapie peut aider les gens à découvrir leur potentiel et à réaliser leur plein potentiel dans la vie.

Le deuxième principe de la Gestalt-thérapie est la théorie du self, qui se concentre sur l'idée que chaque individu possède un self naturel et organique qui cherche à se développer et à s'exprimer. Le self peut être décrit comme l'ensemble de la personnalité d'un individu, y compris ses pensées, ses émotions, ses comportements et sa manière d'interagir avec le monde qui l'entoure.

Selon la théorie du self en Gestalt-thérapie, les individus sont naturellement orientés vers la croissance et l'auto-régulation. Cependant, les blocages ou les perturbations dans ce processus de développement peuvent survenir en raison de l'environnement familial, social ou culturel, ainsi que des expériences traumatisantes.

La Gestalt-thérapie vise à aider les individus à développer leur self et à s'exprimer de manière authentique en explorant leur expérience présente et en travaillant sur les obstacles qui peuvent entraver leur croissance personnelle. Cette exploration est généralement menée à travers des dialogues entre le client et le thérapeute, ainsi que par l'utilisation de techniques telles que la prise de conscience corporelle, l'imagerie mentale et la visualisation.

La théorie du self en Gestalt-thérapie implique également l'idée que chaque individu est unique et que le processus de développement personnel doit être adapté aux besoins spécifiques de chaque personne. En travaillant avec le self naturel de l'individu, la Gestalt-thérapie vise à aider les gens à devenir plus autonomes et à trouver leur place dans le monde qui les entoure.

En fin de compte, le deuxième principe de la Gestalt-thérapie, la théorie du self, est un élément clé de la pratique car elle met l'accent sur le développement personnel et la croissance de l'individu. En travaillant avec le self naturel de l'individu, la thérapie peut aider les gens à découvrir leur potentiel et à réaliser leur plein potentiel dans la vie.

Le troisième principe : la frontière-contact.

LE TROISIÈME PRINCIPE en Gestalt-thérapie est celui de la frontière-contact. La frontière-contact est la zone d'interaction entre le self et l'environnement. C'est la zone où la personne rencontre le monde extérieur et où elle peut établir une relation avec lui. Cette zone est délimitée par la frontière, qui sépare le self de l'environnement.

Selon la Gestalt-thérapie, la qualité de la frontière-contact est cruciale pour la santé psychologique. Une frontière-contact flexible permet à l'individu d'entrer en contact avec l'environnement et de s'adapter aux changements de manière souple et créative. En revanche, une frontière-contact rigide peut empêcher l'individu de s'ouvrir à de nouvelles expériences et le maintenir dans des schémas comportementaux rigides.

La frontière-contact est influencée par plusieurs facteurs, tels que les expériences passées, les croyances, les émotions et les besoins de l'individu. La Gestalt-thérapie encourage l'exploration de la frontière-contact afin de comprendre comment elle fonctionne et d'identifier les schémas comportementaux rigides qui peuvent perturber la relation entre le self et l'environnement.

La thérapie peut aider à développer une frontière-contact plus souple et flexible en explorant les expériences présentes et passées de l'individu, en identifiant les blocages émotionnels et en encourageant l'expression créative. L'objectif est d'aider l'individu à établir une relation plus saine et créative avec l'environnement, en développant une frontière-contact plus flexible et en permettant une plus grande ouverture à l'expérience présente.

Le quatrième principe : l'ajustement créateur.

LE TROISIÈME PRINCIPE en Gestalt-thérapie est celui de la frontière-contact. La frontière-contact est la zone d'interaction entre le self et l'environnement. C'est la zone où la personne rencontre le monde extérieur et où elle peut établir une relation avec lui. Cette zone est délimitée par la frontière, qui sépare le self de l'environnement.

Selon la Gestalt-thérapie, la qualité de la frontière-contact est cruciale pour la santé psychologique. Une frontière-contact flexible permet à l'individu d'entrer en contact avec l'environnement et de s'adapter aux changements de manière souple et créative. En revanche, une frontière-contact rigide peut empêcher l'individu de s'ouvrir à de nouvelles expériences et le maintenir dans des schémas comportementaux rigides.

La frontière-contact est influencée par plusieurs facteurs, tels que les expériences passées, les croyances, les émotions et les besoins de l'individu. La Gestalt-thérapie encourage l'exploration de la frontière-contact afin de comprendre comment elle fonctionne et d'identifier les schémas comportementaux rigides qui peuvent perturber la relation entre le self et l'environnement.

La thérapie peut aider à développer une frontière-contact plus souple et flexible en explorant les expériences présentes et passées de l'individu, en identifiant les blocages émotionnels et en encourageant l'expression créative. L'objectif est d'aider l'individu à établir une relation plus saine et créative avec l'environnement, en développant une frontière-contact plus flexible et en permettant une plus grande ouverture à l'expérience présente.

Le cinquième principe : le cycle du contact (pré-contact, plein contact, post-contact ou retrait).

LE CINQUIÈME PRINCIPE en Gestalt-thérapie est celui du cycle du contact. Selon cette théorie, l'interaction entre le self et l'environnement se déroule en trois phases distinctes : le pré-contact, le plein contact et le post-contact ou retrait.

Le pré-contact est la phase où l'individu est en train de se préparer à entrer en contact avec l'environnement. Cela peut inclure une prise de conscience de ses émotions, de ses besoins et de ses désirs, ainsi que la reconnaissance de ce qui peut entraver sa capacité à entrer en contact. Cette phase peut être caractérisée par des comportements tels que la retenue, la méfiance ou la résistance.

Le plein contact est la phase où l'individu entre en contact avec l'environnement et commence à s'engager avec lui. Cette phase peut être caractérisée par des comportements tels que l'ouverture, la curiosité et l'implication.

Le post-contact ou retrait est la phase où l'individu se retire de l'environnement après l'interaction. Cette phase peut inclure la prise de conscience des effets de l'interaction sur l'individu et la réflexion sur les expériences vécues. Elle peut également inclure la préparation à un nouveau cycle de contact.

La Gestalt-thérapie encourage une prise de conscience de ces phases de contact et l'exploration de la façon dont elles fonctionnent dans la vie quotidienne de l'individu. L'objectif est d'aider l'individu à devenir plus conscient de son propre cycle de contact et à identifier les schémas comportementaux qui peuvent entraver sa capacité à entrer en contact avec l'environnement. En comprenant comment le cycle de contact fonctionne, l'individu peut devenir plus conscient de ses propres processus internes et de la façon dont ils influencent sa relation avec le monde qui l'entoure.

Le sixième principe les fluctuations

LES FLUCTUATIONS DU self ou perturbations du contact avec les mécanismes de défense que sont la confluence, l'introjection, la projection, la rétroflexion et l'égotisme.

Le sixième principe en Gestalt-thérapie est celui des fluctuations du self ou perturbations du contact. Selon cette théorie, les mécanismes de défense tels que la confluence, l'introjection, la projection, la rétroflexion et l'égotisme peuvent interférer avec la capacité de l'individu à entrer en contact avec l'environnement.

La confluence est le mécanisme de défense qui implique une fusion de l'individu avec l'environnement. Cela peut se manifester par une perte de frontières claires entre l'individu et l'environnement, ce qui peut entraîner une perte d'identité et un manque de différenciation.

L'introjection est le mécanisme de défense qui implique l'absorption de l'environnement dans le self. Cela peut se manifester par l'acceptation sans discernement des croyances et des valeurs de l'environnement, ce qui peut entraîner une perte de la capacité à penser de manière autonome.

La projection est le mécanisme de défense qui implique la projection de ses propres sentiments et pensées sur l'environnement. Cela peut se manifester par l'attribution de ses propres émotions ou caractéristiques à d'autres personnes ou objets, ce qui peut entraîner une difficulté à prendre la responsabilité de ses propres sentiments.

La rétroflexion est le mécanisme de défense qui implique la redirection de ses propres sentiments ou actions contre soi-même. Cela peut se manifester par l'auto-critique excessive ou la répression de ses propres désirs, ce qui peut entraîner une perte de confiance en soi et une faible estime de soi.

L'égotisme est le mécanisme de défense qui implique l'accentuation excessive du self et la négation des autres. Cela peut se manifester par un narcissisme excessif ou une difficulté à reconnaître l'importance des autres dans sa vie, ce qui peut entraîner des difficultés dans les relations interpersonnelles.

La Gestalt-thérapie encourage l'exploration de ces mécanismes de défense et leur impact sur la capacité de l'individu à entrer en contact avec l'environnement. En devenant plus conscient de ces mécanismes et de leur fonctionnement, l'individu peut commencer à développer des stratégies pour surmonter ces perturbations et améliorer sa capacité à entrer en contact avec les autres et le monde qui l'entoure.

Le septième principe : la différence entre passage à l'acte et mise à l'acte.

LE SEPTIÈME PRINCIPE de la Gestalt-thérapie est la distinction entre le passage à l'acte et la mise à l'acte. La mise à l'acte est une réponse créative et adaptative à la situation, qui permet au sujet de prendre en compte son environnement, ses désirs et ses besoins, alors que le passage à l'acte est une réponse rigide, automatique et impulsive qui ne prend pas en compte l'environnement ou les conséquences à long terme.

Dans la mise à l'acte, le sujet est conscient de son choix et de sa responsabilité, tandis que dans le passage à l'acte, il est dominé par ses émotions ou ses impulsions. Le travail en Gestalt-thérapie consiste à aider le sujet à développer sa capacité à se mettre à l'acte plutôt que de passer à l'acte de manière compulsive.

Le huitième principe : la Gestalt inachevée.

LA NOTION DE GESTALT inachevée en Gestalt-thérapie est liée à l'idée que notre psyché tend naturellement vers une forme d'harmonie et de complétude. Lorsque nous vivons une expérience traumatisante ou difficile, notre capacité à traiter et à intégrer cette expérience peut être dépassée, et nous pouvons nous retrouver avec une "Gestalt inachevée".

Cette Gestalt inachevée se caractérise par une sensation d'incomplétude, de malaise ou de souffrance qui persiste malgré le temps qui passe. Elle peut prendre différentes formes, comme des sensations physiques désagréables, des émotions refoulées, des pensées intrusives ou des comportements compulsifs.

En Gestalt-thérapie, l'objectif est de travailler sur ces Gestalts inachevées en les amenant à la conscience et en les complétant. Pour ce faire, le thérapeute peut proposer différentes techniques, comme la reviviscence, l'expression émotionnelle, le dialogue avec des parties de soi ou l'expérimentation. L'objectif est de permettre au sujet de se réapproprier pleinement son expérience et de trouver une forme d'apaisement et de complétude.

En travaillant sur les Gestalts inachevées, la Gestalt-thérapie permet ainsi de libérer des énergies psychiques qui étaient auparavant bloquées, et de restaurer une forme de fluidité et de flexibilité dans la relation au monde et aux autres. Elle permet également de renforcer le sentiment d'identité et de confiance en soi, en permettant au sujet de se réapproprier pleinement son expérience et de s'accepter tel qu'il est.

Le neuvième principe : la perspective de champ.

LE NEUVIÈME PRINCIPE de la Gestalt-thérapie est la perspective de champ. Selon cette perspective, chaque individu est un système en interaction constante avec son environnement, qui est lui-même un système. L'individu et l'environnement sont donc interdépendants et interconnectés, et ne peuvent être compris que dans leur relation mutuelle.

Cette perspective implique que le comportement et l'expérience d'un individu sont influencés par son contexte, par les relations qu'il entretient avec les autres, par les normes culturelles et sociales, etc. La Gestalt-thérapie cherche donc à prendre en compte l'ensemble de ces facteurs dans sa compréhension de l'individu et de ses difficultés.

Dans la pratique, la perspective de champ se traduit par une attention particulière portée à l'environnement immédiat de l'individu et à ses interactions avec les autres. Le thérapeute est attentif aux dynamiques relationnelles qui se jouent entre les différents membres du groupe thérapeutique ou entre le sujet et son environnement, et cherche à favoriser une prise de conscience de ces interactions. Cette prise de conscience permet ensuite d'explorer les manières dont l'individu peut s'adapter et trouver des solutions créatives pour répondre à ses besoins et à ses désirs.

En somme, la perspective de champ est un outil essentiel de la Gestalt-thérapie pour comprendre l'individu dans sa globalité et pour l'aider à trouver des solutions créatives pour surmonter ses difficultés. Elle permet de mettre en lumière les interactions complexes entre l'individu et son environnement, et de favoriser une prise de conscience de ces interactions pour une meilleure adaptation et un meilleur bien-être psychique.

V – Les outils de la gestalt

Le détail des quatre « champs ».

La perspective de champ en Gestalt-thérapie implique que les individus sont en constante interaction avec leur environnement. Cette interaction est comprise à travers quatre champs principaux : le champ objectif, le champ subjectif, le champ intersubjectif et le champ organisme/environnement.

Le champ objectif fait référence au contexte socioculturel dans lequel l'individu évolue. Cela comprend les normes sociales, les attentes culturelles et les croyances collectives qui façonnent l'expérience individuelle.

Le champ subjectif concerne la perception personnelle de l'environnement. Chaque individu perçoit et interprète l'environnement en fonction de son histoire personnelle, de sa culture, de ses valeurs et de ses croyances.

Le champ intersubjectif se réfère à la relation interpersonnelle. Il implique que chaque individu est en interaction constante avec les autres et que la qualité de cette interaction peut influencer la manière dont il perçoit et interprète l'environnement.

Le champ organisme/environnement met en évidence le fait que la situation est partagée entre l'individu et son environnement. Il souligne que les individus sont en constante interaction avec leur environnement et que leur expérience est influencée par cette interaction.

L'utilisation concrète du here, now and next.

LA NOTION DE "HERE and now" en Gestalt-thérapie se réfère à la pleine conscience du moment présent. C'est une invitation à être présent dans l'ici et maintenant, à être conscient de ses sensations physiques, de ses émotions et de ses pensées sans jugement.

L'utilisation concrète du "here and now" en Gestalt-thérapie implique de se concentrer sur ce qui se passe dans l'instant présent et d'explorer comment cela peut être lié à des expériences passées ou futures. Le thérapeute peut aider le client à se concentrer sur ce qu'il ressent dans son corps et à exprimer ses émotions et ses pensées en temps réel.

La notion de "next" en Gestalt-thérapie se réfère à la prise de conscience de ce qui est à venir ou de ce qui pourrait arriver ensuite. Cela implique de prendre en compte les conséquences possibles de ses actions et de ses choix dans le futur.

L'utilisation concrète du "next" en Gestalt-thérapie implique d'encourager le client à explorer les conséquences potentielles de ses choix et de ses actions, et à prendre des décisions qui sont en accord avec ses valeurs et ses objectifs à long terme. Le thérapeute peut aider le client à imaginer différentes possibilités pour le futur et à explorer comment il peut être actif dans la création de son propre avenir.

Les outils du thérapeute : l'awareness et le cycle ou séquence du contact.

LES OUTILS DU THÉRAPEUTE en Gestalt-thérapie sont nombreux et peuvent varier en fonction des praticiens. Toutefois, deux outils clés sont l'awareness (conscience) et le cycle ou séquence du contact.

L'awareness est la capacité à être pleinement conscient de soi-même, de ses pensées, de ses émotions et de ses sensations physiques dans l'instant présent. Cela permet de prendre conscience de ses schémas de comportement et de ses mécanismes de défense, et de les changer si nécessaire.

Le cycle ou séquence du contact est le processus par lequel une personne entre en contact avec l'environnement, en expérimente les effets, et en retire une satisfaction ou une insatisfaction. Il comprend quatre étapes : le pré-contact, le contact, le post-contact ou retrait, et la nouvelle organisation. Le thérapeute peut aider le client à explorer chacune de ces étapes pour mieux comprendre son fonctionnement et améliorer sa capacité à entrer en contact avec l'environnement.

En utilisant ces outils, le thérapeute peut aider le client à développer une meilleure conscience de soi et de ses interactions avec l'environnement, à comprendre ses mécanismes de défense et à explorer de nouvelles façons d'entrer en contact avec les autres. Cela peut aider le client à améliorer sa communication, à mieux gérer ses émotions et à trouver des solutions à ses problèmes.

Le contact « plein »

LE CONTACT "PLEIN" est un état dans lequel la personne est complètement engagée dans son environnement. Elle est consciente de ses sensations, émotions et pensées, et les intègre dans sa perception de la réalité. Dans cet état, la personne est en contact avec l'ici et maintenant et est capable de répondre à ses besoins et à ceux des autres de manière efficace et adaptative.

Pour atteindre cet état de contact "plein", la Gestalt-thérapie propose différents outils et exercices, tels que la respiration, la relaxation, la méditation, l'expression émotionnelle, la prise de conscience de son corps, la conscience de ses schémas de pensée et de comportement, etc.

Lorsqu'une personne est en contact "plein", elle est capable de se connecter à ses émotions et ses sensations, d'identifier ses besoins et d'agir en conséquence. Elle peut également être plus ouverte aux autres et à leur réalité subjective, ce qui facilite la communication et les relations interpersonnelles.

Le contact "plein" est considéré comme un état idéal dans la Gestalt-thérapie, car il permet à la personne de vivre pleinement sa vie et de se réaliser en tant qu'individu dans un monde en constante évolution. C'est pourquoi les thérapeutes gestaltistes encouragent souvent leurs patients à travailler sur leur capacité à être en contact "plein" avec eux-mêmes et avec les autres.

Les troubles du contact.

LES TROUBLES DU CONTACT font référence aux obstacles qui empêchent une personne de se connecter pleinement avec son environnement et les autres. En Gestalt-thérapie, ces troubles sont considérés comme des mécanismes de défense qui permettent aux individus de se protéger de certaines situations ou émotions difficiles. Il y a cinq mécanismes de défense courants en Gestalt-thérapie: confluence, introjection, projection, rétroflexion et égotisme.

La confluence est un mécanisme de défense qui se produit lorsque la personne perd sa frontière-contact avec son environnement et se confond avec lui. Elle peut se produire dans des relations fusionnelles ou lorsque la personne perd le contact avec ses propres émotions et sentiments. Pour aider le client à sortir de cette situation, le thérapeute peut encourager la prise de conscience de la différence entre soi et l'autre, ainsi que la respiration consciente pour aider à créer une distance saine.

L'introjection est un mécanisme de défense qui se produit lorsque la personne prend sans discernement les attitudes, les valeurs ou les croyances des autres et les incorpore dans son propre système de croyances. Le thérapeute peut aider le client à sortir de cette situation en encourageant la prise de conscience de ses propres croyances et en aidant à explorer les raisons pour lesquelles ces croyances ont été adoptées.

La projection est un mécanisme de défense qui se produit lorsque la personne attribue à l'autre ses propres sentiments, émotions ou traits de personnalité. Le thérapeute peut aider le client à sortir de cette situation en encourageant la prise de conscience des projections et en aidant à explorer les raisons pour lesquelles elles sont utilisées.

La rétroflexion est un mécanisme de défense qui se produit lorsque la personne retourne ses propres sentiments ou émotions contre elle-même. Le thérapeute peut aider le client à sortir de cette situation en encourageant la prise de conscience de cette tendance et en aidant à explorer les raisons pour lesquelles elle est utilisée.

L'égotisme est un mécanisme de défense qui se produit lorsque la personne refuse de prendre en compte les besoins ou les sentiments des autres et se concentre uniquement sur ses propres besoins. Le thérapeute peut aider le client à sortir de cette situation en encourageant la prise de conscience de la tendance à l'égoïsme et en aidant à explorer les raisons pour lesquelles elle est utilisée.

Dans l'ensemble, le thérapeute en Gestalt-thérapie s'appuie sur l'utilisation de l'awareness pour aider le client à reconnaître les mécanismes de défense qu'il utilise pour éviter le contact. Une fois que ces mécanismes sont reconnus, le thérapeute peut aider le client à explorer les raisons pour lesquelles ils sont utilisés et comment ils peuvent être remplacés par des comportements plus sains. Les outils comme le travail corporel, la respiration consciente et la visualisation peuvent également être utilisés pour aider le client à améliorer le contact avec son environnement et les autres. En fin de compte, le but est de permettre au client de se connecter pleinement avec son environnement et de vivre de manière plus authentique et satisfaisante.

Le travail des polarités.

LE TRAVAIL DES POLARITÉS est une technique utilisée en Gestalt-thérapie pour explorer les différentes facettes de soi-même. Les polarités sont des aspects opposés qui existent en chacun de nous. Par exemple, nous pouvons avoir une polarité d'indépendance et une autre de dépendance, ou une polarité d'agressivité et une autre de soumission.

Le travail des polarités commence par une exploration de ces différentes facettes de soi-même. Le thérapeute peut utiliser des questions ou des techniques pour aider le patient à identifier ses polarités. Par exemple, le thérapeute peut demander : "Dans quelles situations êtes-vous le plus indépendant ? Dans quelles situations êtes-vous le plus dépendant ?"

Une fois que les polarités ont été identifiées, le thérapeute peut encourager le patient à explorer chacune d'elles en profondeur. Cela peut impliquer de visualiser ou de ressentir chaque polarité de manière très vivante, ou d'agir en fonction de chaque polarité. Le but est d'explorer chaque polarité de manière équilibrée et sans jugement.

Le travail des polarités peut également aider à établir un équilibre entre les différentes facettes de soi-même. Par exemple, si un patient a tendance à être trop dépendant, le travail des polarités peut aider à développer la polarité opposée de l'indépendance. Cela peut aider à établir un équilibre plus sain entre les deux polarités.

Le travail des polarités peut également aider à développer la conscience de soi. En explorant les différentes facettes de soi-même, le patient peut devenir plus conscient de ses réactions émotionnelles, de ses tendances comportementales et de ses modèles de pensée.

Le travail des polarités peut également aider à améliorer les relations interpersonnelles. En prenant conscience de ses propres polarités, le patient peut mieux comprendre les polarités des autres. Cela peut aider à améliorer la communication et à développer une empathie plus profonde.

En fin de compte, le travail des polarités peut aider le patient à développer une compréhension plus profonde et plus nuancée de lui-même. En identifiant et en explorant les différentes facettes de sa personnalité, le patient peut mieux comprendre ses forces et ses faiblesses, ses motivations et ses peurs. Cela peut aider à développer une plus grande confiance en soi, une plus grande capacité à établir des relations saines et à atteindre les objectifs personnels.

L'utilisation des pentagrammes.

LES PENTAGRAMMES SONT des outils utilisés en Gestalt-thérapie pour aider le client à explorer différentes dimensions de son expérience et de sa personnalité. Ils consistent en une figure en forme d'étoile à cinq branches, chaque branche représentant une dimension ou un aspect de l'expérience humaine. Les pentagrammes sont souvent utilisés pour explorer les polarités, les conflits internes, les projections et les introjections, ainsi que pour stimuler la créativité et l'imagination.

Le premier pentagramme, souvent appelé pentagramme du corps, représente la dimension physique de l'expérience humaine. Il est utilisé pour explorer la façon dont le client perçoit et ressent son corps, et pour faciliter la prise de conscience des sensations corporelles et des tensions.

Le deuxième pentagramme est le pentagramme des émotions. Il est utilisé pour explorer la gamme des émotions et des sentiments ressentis par le client. Le thérapeute peut aider le client à identifier les émotions qu'il ressent et à les exprimer de manière appropriée.

Le troisième pentagramme, appelé pentagramme des cinq sens, est utilisé pour explorer la façon dont le client utilise ses sens pour percevoir le monde. Il peut aider le client à prendre conscience de sa capacité à voir, entendre, sentir, goûter et toucher, et à utiliser ces sens de manière plus consciente et efficace.

Le quatrième pentagramme est le pentagramme de la créativité. Il est utilisé pour explorer la créativité et l'imagination du client, ainsi que pour stimuler sa créativité. Le thérapeute peut encourager le client à explorer différentes formes d'expression créative, telles que l'art, l'écriture ou la danse.

Le cinquième et dernier pentagramme est le pentagramme des relations. Il est utilisé pour explorer la façon dont le client interagit avec les autres, et pour faciliter la prise de conscience des modèles relationnels. Le thérapeute peut aider le client à identifier les schémas de communication et à explorer de nouvelles façons d'interagir avec les autres.

L'utilisation des pentagrammes peut aider le client à explorer différentes dimensions de son expérience et de sa personnalité, ainsi qu'à développer sa conscience de soi. En explorant ces différentes dimensions, le client peut mieux comprendre ses propres modèles de comportement et de réaction, et apprendre à les modifier de manière plus constructive.

Le thérapeute peut également utiliser les pentagrammes pour stimuler la créativité et l'imagination du client, en l'encourageant à explorer de nouvelles façons d'exprimer ses sentiments et ses émotions. En utilisant les pentagrammes, le thérapeute peut aider le client à devenir plus conscient de ses propres schémas de comportement et de réaction, et à les modifier de manière plus constructive.

En fin de compte, l'utilisation des pentagrammes en Gestalt-thérapie est un moyen efficace d'aider le client à explorer différentes dimensions de son expérience et de sa personnalité, ainsi que de développer sa conscience de soi et sa créativité.

VI - Le meilleur outil c'est le thérapeute

La posture relationnelle du Gestalt-thérapeute.

La posture relationnelle du Gestalt-thérapeute est caractérisée par une attitude originale et émerveillée envers le patient, qui se traduit par une absence de jugement et une ouverture à tout ce qui se présente dans l'ici et maintenant. Cette posture est le fondement de la Gestalt-thérapie et permet au patient de se sentir accueilli, compris et respecté dans sa singularité.

Le Gestalt-thérapeute adopte une attitude de non-savoir, de curiosité et d'étonnement face au patient, ce qui implique qu'il n'a pas de préconceptions sur ce qui se passe ou devrait se passer dans la séance. Il est ouvert à toutes les possibilités, même les plus imprévues, et laisse le patient guider le processus thérapeutique.

La posture émerveillée implique également une grande attention portée à la relation thérapeutique elle-même, plutôt qu'aux contenus des propos du patient. Le thérapeute est attentif à la qualité de la relation, à la dynamique qui se crée entre lui et le patient, ainsi qu'aux processus émotionnels et corporels qui se manifestent dans la séance.

Le Gestalt-thérapeute est également conscient de son propre ressenti et de ses réactions face au patient, qu'il accueille avec bienveillance et sans jugement. Il est en mesure de se mettre en relation avec le patient tout en gardant une distance thérapeutique appropriée, afin de ne pas se laisser submerger par ses propres émotions.

Le thérapeute est en permanence à l'écoute du patient, de ses mouvements corporels, de ses émotions et de ses sensations. Il utilise toutes les informations disponibles pour aider le patient à prendre conscience de ses processus internes et à les intégrer dans sa vie quotidienne.

Enfin, la posture émerveillée implique une ouverture à la dimension spirituelle de l'être humain, sans tomber dans le mysticisme ou le dogmatisme. Le Gestalt-thérapeute est conscient que chaque individu est unique et possède une dimension spirituelle qui mérite d'être respectée et explorée.

En résumé, la posture relationnelle du Gestalt-thérapeute est une attitude originale, émerveillée et ouverte à toutes les possibilités. Elle permet au patient de se sentir accueilli et respecté dans sa singularité, tout en favorisant la prise de conscience de ses processus internes et l'intégration de ces derniers dans sa vie quotidienne.

« L'être-là ».

LA NOTION DE "L'ÊTRE-là" est centrale en Gestalt-thérapie et renvoie à la posture relationnelle du thérapeute. Elle implique une ouverture et une attention totales à l'expérience présente, à la fois pour soi et pour l'autre. Le Gestalt-thérapeute se concentre sur la qualité de la relation qui se crée dans l'instant présent et sur la façon dont il se sent en relation avec le client.

Le "sentir" est un autre aspect important de l'être-là en Gestalt-thérapie. Cela signifie être conscient de ses propres sensations et émotions, ainsi que de celles de l'autre personne. Le thérapeute est attentif aux signaux non verbaux, comme la posture et les expressions faciales, pour mieux comprendre l'expérience de son client.

La suspension des préjugés est un autre élément essentiel de l'être-là en Gestalt-thérapie. Le thérapeute doit être ouvert à l'expérience du client sans porter de jugement. Le Gestalt-thérapeute doit être conscient de ses propres préjugés et être capable de les mettre de côté pour mieux comprendre le client.

La base de ce qui est perçu en Gestalt-thérapie se réfère à la façon dont le thérapeute perçoit et ressent l'expérience du client. Le Gestalt-thérapeute doit être capable de reconnaître et de comprendre les sensations et les émotions de l'autre personne, ainsi que de les refléter de manière appropriée. Cela implique également une reconnaissance des limites et des frontières de chaque individu.

L'explicitation est un autre élément important de l'être-là en Gestalt-thérapie. Le thérapeute encourage le client à expliciter et à clarifier ses propres expériences, pensées et émotions. Le Gestalt-thérapeute doit être capable de faciliter ce processus en posant des questions et en reflétant les pensées et les sentiments du client.

La culture de l'incertitude est également cruciale pour l'être-là en Gestalt-thérapie. Le thérapeute doit être capable de rester ouvert à toutes les possibilités, sans se laisser enfermer dans une hypothèse ou une interprétation spécifique. Cela implique également une reconnaissance de l'importance de l'incertitude dans le processus de croissance et de changement.

Enfin, le "non-projet" est un autre aspect clé de l'être-là en Gestalt-thérapie. Cela signifie que le thérapeute n'a pas d'objectif prédéterminé ou de plan directeur pour la séance. Au lieu de cela, il suit les besoins et les indications du client, tout en restant conscient de la dynamique de la relation.

Dans l'ensemble, l'être-là en Gestalt-thérapie implique une attention totale et une ouverture à l'expérience de l'autre personne, ainsi qu'une capacité à suspendre les préjugés et à cultiver l'incertitude. Cela crée un espace relationnel ouvert et authentique, où le client peut explorer et développer ses propres expériences et ses propres capacités de croissance.

En Gestalt-thérapie, la perception de ce qui existe est un concept clé qui se réfère à la façon dont nous percevons le monde autour de nous. Selon la Gestalt-thérapie, la perception de la réalité est subjective, car elle est influencée par nos expériences, notre environnement et notre propre façon de percevoir les choses.

La perception de ce qui existe est donc considérée comme une expérience subjective qui implique l'organisation de nos expériences sensorielles pour créer une image cohérente et significative du monde qui nous entoure. Cela implique que nous ne percevons pas simplement les stimuli sensoriels, mais que nous les organisons en schémas et en figures significatives qui nous permettent de donner du sens à ce que nous percevons.

La Gestalt-thérapie suggère que la perception de ce qui existe est influencée par notre contexte, notre état d'esprit et notre relation avec l'environnement. Par conséquent, la manière dont nous percevons la réalité est unique à chaque individu et peut varier d'une personne à l'autre.

La Gestalt-thérapie encourage les individus à prendre conscience de leur propre perception de la réalité et à explorer comment celle-ci peut être influencée par leur propre contexte et leur expérience. En explorant leur propre perception de la réalité, les individus peuvent développer une compréhension plus profonde de leur propre expérience et de leur relation avec le monde qui les entoure.

La théorie du champ, qui donne sa position au thérapeute.

LA THÉORIE DU CHAMP est un concept clé en Gestalt-thérapie, qui prend en compte l'influence de l'environnement sur l'individu. Cette théorie considère que l'organisme et l'environnement forment un tout indissociable. Le champ est l'ensemble des forces et des influences qui agissent sur l'organisme. Le thérapeute doit donc tenir compte de cet environnement pour comprendre le comportement et les processus de l'individu.

Le Gestalt-thérapeute doit être conscient de sa position dans le champ thérapeutique. Il doit comprendre que ses actions et ses paroles ont une influence sur le champ et sur le patient. Il doit être capable de se mettre à l'écoute du patient et de comprendre sa perception du champ, sans jugement ni préjugé.

Le thérapeute doit également être conscient de sa propre position dans le champ. Il doit être capable de se mettre à l'écoute de ses propres ressentis et émotions, sans pour autant les projeter sur le patient. Cette capacité d'introspection permet au thérapeute de se positionner de manière adéquate dans le champ thérapeutique.

Le Gestalt-thérapeute doit aussi être conscient des limites de son propre champ. Il ne peut pas tout comprendre ou tout résoudre, et il doit être capable de reconnaître ses limites et de les accepter. Il doit être capable de se concentrer sur le moment présent et de travailler avec le patient pour améliorer le champ dans lequel il évolue.

Enfin, le Gestalt-thérapeute doit être capable de travailler avec les forces positives du champ. Il doit chercher à renforcer les forces positives et à diminuer les forces négatives. Pour cela, il doit être capable d'identifier les ressources et les potentialités du patient, ainsi que les opportunités de croissance et d'évolution dans le champ.

En résumé, la théorie du champ en Gestalt-thérapie souligne l'importance de l'environnement dans la compréhension et la résolution des problèmes. Le thérapeute doit être conscient de sa position dans le champ thérapeutique, être à l'écoute du patient et de ses propres ressentis, reconnaître ses limites et travailler avec les forces positives du champ. Cette théorie permet au Gestalt-thérapeute d'adopter une approche globale et intégrative de la thérapie.

La notion de « client ».

EN GESTALT-THÉRAPIE, la personne qui consulte un thérapeute n'est pas appelée un « patient », mais plutôt un « client ». Cette terminologie reflète l'idée que la personne qui vient en thérapie n'est pas malade ou cassée, mais qu'elle cherche simplement à explorer et à comprendre ses propres processus et expériences de vie. Le terme « client » souligne également le fait que le thérapeute et le client travaillent ensemble pour atteindre les objectifs de la thérapie, plutôt que de voir le thérapeute comme un expert qui donne des conseils ou des directives.

En tant que client en Gestalt-thérapie, la personne est invitée à être active et responsable dans le processus de thérapie, en partageant son expérience et en collaborant avec le thérapeute pour explorer et comprendre ce qui se passe en elle. La relation entre le client et le thérapeute est basée sur l'égalité et le respect mutuel, plutôt que sur une hiérarchie où le thérapeute détient le pouvoir et le savoir.

Le client en Gestalt-thérapie est également encouragé à être présent dans l'ici et maintenant de la séance, en prêtant attention à ses sensations, ses émotions et ses pensées au fur et à mesure qu'elles surgissent. Cela permet au client de se connecter avec son expérience immédiate et de travailler avec ce qui est présent dans l'instant plutôt que de se perdre dans des souvenirs ou des fantasmes.

Enfin, la notion de « client » en Gestalt-thérapie implique que la personne est capable de prendre des décisions et de choisir son propre chemin de vie. Le thérapeute ne donne pas de conseils ou de directives, mais plutôt soutient le client dans son processus de prise de conscience et de responsabilité. Cela aide le client à devenir plus autonome et à trouver sa propre voie dans la vie.

La posture holistique du thérapeute.

LA POSTURE HOLISTIQUE du thérapeute en Gestalt-thérapie est centrée sur la prise en compte de l'individu dans sa globalité, c'est-à-dire dans ses différentes dimensions : physique, émotionnelle, mentale et spirituelle. Cette posture implique une approche globale de la personne, dans laquelle le thérapeute considère chaque partie de l'individu comme étant interdépendante.

Le thérapeute holistique en Gestalt-thérapie utilise une approche qui prend en compte les besoins et les aspirations du client, en cherchant à comprendre et à intégrer l'ensemble des dimensions de la personne. Cette posture se caractérise par une grande attention à l'écoute active et à l'empathie envers le client, et une préoccupation constante pour maintenir une relation de confiance.

Le thérapeute holistique en Gestalt-thérapie cherche à accompagner le client dans sa prise de conscience de ses ressentis, ses émotions, ses pensées et ses comportements, et à l'aider à intégrer ces différentes dimensions dans un ensemble cohérent et harmonieux. Cette approche vise à aider le client à développer une conscience de soi plus profonde, en l'aidant à prendre conscience de ses blocages et de ses limitations, et en l'aidant à explorer les possibilités d'expression et d'expérience qui s'offrent à lui.

La posture holistique du thérapeute en Gestalt-thérapie est basée sur une vision positive de l'être humain, considérant que chaque personne possède des ressources et des capacités qui lui permettent de se réaliser pleinement. Le thérapeute holistique se positionne comme un facilitateur de ce processus de réalisation, en aidant le client à mobiliser ses ressources et à trouver les solutions les plus adaptées à ses besoins.

Le thérapeute holistique en Gestalt-thérapie doit être capable de s'adapter à chaque situation, en utilisant différentes techniques et approches en fonction des besoins du client. Cette posture implique une grande flexibilité, une capacité d'improvisation, une écoute active, une empathie profonde et une grande capacité d'adaptation.

Enfin, la posture holistique du thérapeute en Gestalt-thérapie implique une grande humilité et une reconnaissance de l'importance de la relation thérapeutique. Le thérapeute doit être conscient que son rôle est avant tout d'accompagner le client sur son propre chemin, sans chercher à le diriger ou à lui imposer sa vision des choses. Cette posture implique également une grande ouverture d'esprit et une curiosité intellectuelle, afin de continuellement se former et d'élargir ses connaissances.

La sympathie plutôt que l'empathie ou l'apathie.

EN GESTALT-THÉRAPIE, la relation thérapeutique est basée sur la sympathie plutôt que sur l'empathie ou l'apathie. La sympathie implique la capacité du thérapeute à être conscient de son propre processus émotionnel tout en restant en relation avec le client. Cela signifie que le thérapeute n'essaie pas de s'identifier avec les émotions du client ou de les ressentir à sa place, mais plutôt de rester en contact empathique avec lui tout en maintenant une distance thérapeutique appropriée.

La sympathie permet au thérapeute de rester centré sur la situation présente et d'aider le client à explorer ses émotions de manière constructive, sans être submergé par elles. En même temps, cela permet également au thérapeute de se connecter avec le client d'une manière plus authentique et plus chaleureuse.

Contrairement à l'empathie, qui peut être envahissante et entraîner une perte de distance thérapeutique, la sympathie permet au thérapeute de maintenir un certain degré de détachement qui est nécessaire pour aider le client à résoudre ses problèmes. Cela ne signifie pas que le thérapeute doit être indifférent aux émotions du client, mais plutôt qu'il doit être capable de les accueillir et de les accompagner tout en restant centré sur le processus thérapeutique.

Enfin, la sympathie permet également au thérapeute de se connecter avec le client d'une manière plus authentique et plus chaleureuse. Cette relation empathique peut aider à renforcer la confiance entre le client et le thérapeute, ce qui est crucial pour le processus thérapeutique.

L'ici et maintenant de la posture du thérapeute.

LA NOTION D'ICI ET maintenant est centrale dans la Gestalt-thérapie, y compris dans la posture du thérapeute. La posture du thérapeute doit être centrée sur le moment présent et l'interaction qui se produit dans l'instant, sans préoccupation pour le passé ou le futur.

Le thérapeute doit être en mesure de rester présent dans l'ici et maintenant pour percevoir, ressentir et comprendre la dynamique qui se déroule dans le champ de la relation. Cette présence attentive permet au thérapeute d'être plus en contact avec le client et de réagir de manière plus authentique et sensible à ce qui se passe dans le moment présent.

La posture ici et maintenant implique également une attention particulière portée à l'expression verbale et non verbale du client. Le thérapeute doit être sensible aux nuances du langage corporel, de la tonalité de la voix, des expressions faciales et de tout autre comportement non verbal qui peut être révélateur de l'état émotionnel du client.

Le thérapeute doit également être capable de rester présent et ouvert à l'expérience de l'instant présent sans chercher à le contrôler ou à le diriger de manière prédéterminée. Cela signifie que le thérapeute doit être prêt à abandonner tout projet préconçu ou attente quant à ce qui devrait se passer pendant la séance.

En étant présent et attentif à l'ici et maintenant, le thérapeute peut aider le client à se concentrer sur son expérience immédiate plutôt que sur des événements passés ou futurs, ce qui peut favoriser une plus grande prise de conscience et une exploration plus profonde de soi.

En somme, la posture ici et maintenant de la Gestalt-thérapie permet au thérapeute d'être en contact authentique avec le client, de percevoir plus clairement les dynamiques en jeu dans la relation et de faciliter la prise de conscience et l'exploration de soi du client.

VII - Mise en pratique de la thérapie individuelle

Généralités

La pratique de la Gestalt-thérapie en individuel se déroule généralement en plusieurs séances, avec une durée variable en fonction des besoins et du rythme de la personne. Voici un aperçu de la manière dont se déroule une séance :

1. Accueil et établissement de la relation : le thérapeute accueille la personne et établit une relation de confiance. Il peut demander comment elle se sent, comment elle a vécu sa semaine, etc.

2. Exploration de la demande : le thérapeute invite la personne à exprimer ce qui l'amène en thérapie, ses préoccupations, ses soucis, ses questionnements. Il s'agit de permettre une clarification de la demande et d'identifier les enjeux spécifiques de la personne.

3. Exploration des ressentis corporels : le thérapeute peut proposer des exercices de respiration, de relaxation ou d'ancrage pour aider la personne à se connecter à son corps et à prendre conscience de ses sensations.

4. Exploration des émotions : le thérapeute invite la personne à exprimer ses émotions, en les nommant et en les décrivant. Il s'agit d'aider la personne à accueillir ses émotions sans les juger, les refouler ou les éviter.

5. Exploration des pensées et des croyances : le thérapeute invite la personne à exprimer ses pensées, ses croyances, ses

jugements. Il s'agit de prendre conscience des schémas de pensée qui peuvent bloquer la personne dans son évolution.

6. Exploration des comportements : le thérapeute peut inviter la personne à expérimenter des situations en jeu de rôle, en dessin, en écriture, en mouvement, etc. pour permettre une exploration de ses comportements et de leur impact sur elle-même et sur les autres.

7. Intégration et clôture : le thérapeute aide la personne à intégrer les découvertes de la séance, à prendre conscience de ses ressources et de ses limites. Il peut proposer des exercices à faire entre les séances pour prolonger le travail.

Il est important de souligner que chaque séance est unique et que le déroulement peut varier en fonction des besoins et du rythme de la personne. Le thérapeute adapte sa posture en fonction de chaque situation et de chaque personne, et utilise une grande variété d'outils et de techniques pour faciliter l'exploration et l'évolution de la personne.

La relation gestaltiste

LA RELATION GESTALTISTE se caractérise par des objectifs sans objectifs, c'est-à-dire qu'elle n'a pas de but déterminé à l'avance. Elle se construit au fil des séances en fonction de ce qui émerge de la relation entre le patient et le thérapeute. La relation gestaltiste se focalise sur l'ici et maintenant, sur ce qui se passe dans l'instant présent, sans chercher à expliquer le passé ou à anticiper le futur.

Dans cette relation, le besoin du patient est considéré comme un moteur de l'action, une force qui le pousse à chercher des solutions à ses problèmes. Le thérapeute est là pour aider le patient à prendre conscience de ses besoins et à trouver les moyens de les satisfaire de manière constructive.

Le transfert et le contre-transfert sont des notions centrales dans la relation gestaltiste. Le transfert désigne la projection par le patient de ses émotions, de ses attentes et de ses désirs sur le thérapeute. Le contre-transfert correspond quant à lui à la réponse émotionnelle du thérapeute face au transfert du patient. Le thérapeute doit être capable de reconnaître ces phénomènes pour éviter de les laisser prendre le pas sur la relation thérapeutique.

La sympathie est un autre élément important de la relation gestaltiste. Elle se caractérise par l'acceptation inconditionnelle de l'autre, le respect de son histoire et de son vécu, la non-jugement et la non-interprétation. Le thérapeute doit être capable d'accueillir le patient tel qu'il est, sans chercher à le changer ou à le guérir à tout prix.

En somme, la relation gestaltiste est une relation de co-création, fondée sur la confiance, l'ouverture, la bienveillance et l'écoute active. Elle permet au patient de se sentir compris, soutenu et accompagné dans sa démarche de développement personnel.

La thérapie individuelle en Gestalt.

LA THÉRAPIE INDIVIDUELLE en Gestalt est une approche psychothérapeutique qui se focalise sur le développement de la conscience de soi, la responsabilisation personnelle, l'expression émotionnelle, l'apprentissage de nouvelles compétences et la croissance personnelle. Elle se distingue des autres approches par son accent sur la prise de conscience de l'expérience du moment présent, de l'ici et maintenant. Le thérapeute est attentif à la manière dont le client se comporte et interagit dans le moment présent, en prêtant attention aux émotions, aux pensées et aux sensations corporelles.

Au début de la thérapie, le thérapeute et le client établissent un contrat thérapeutique qui définit les objectifs de la thérapie et les modalités de travail. Contrairement à d'autres approches, la Gestalt-thérapie ne se concentre pas sur des objectifs spécifiques, mais plutôt sur le processus de changement en cours dans le moment présent. Le client est considéré comme un partenaire actif dans le processus de changement et est encouragé à prendre la responsabilité de sa propre croissance.

La thérapie individuelle en Gestalt peut être utile pour traiter un large éventail de troubles et de problèmes, notamment les troubles anxieux, les troubles de l'humeur, les troubles de la personnalité, les problèmes relationnels, les problèmes de dépendance et les traumatismes. Les personnes qui ont besoin de travailler sur leur croissance personnelle peuvent également bénéficier de la thérapie individuelle en Gestalt.

Le rôle du thérapeute dans la thérapie individuelle en Gestalt est de créer un climat de sécurité et de confiance qui permet au client de s'engager dans un processus de croissance personnelle. Le thérapeute doit être empathique et non-jugeant, et doit être capable de travailler avec les émotions et les expériences difficiles du client. Le thérapeute est également chargé de faciliter la prise de conscience de la manière dont le client se comporte et interagit dans le moment présent, et de faciliter le processus de changement en cours.

La relation thérapeutique en Gestalt est une relation basée sur la confiance, la compréhension et la bienveillance. Le thérapeute est chargé de créer un environnement thérapeutique sûr et non-jugeant dans lequel le client peut se sentir à l'aise pour explorer ses pensées et ses émotions. Le transfert et le contre-transfert sont des éléments importants de la relation thérapeutique en Gestalt, et sont considérés comme des moyens de comprendre les schémas relationnels du client et de faciliter le processus de changement.

La sympathie est une notion centrale de la Gestalt-thérapie et se distingue de l'empathie et de l'apathie. La sympathie en Gestalt implique d'être à l'écoute du client et de le comprendre sans le juger, sans essayer de le changer ou de le conseiller. Il s'agit de permettre au client de se sentir entendu et compris, sans être envahi ou dirigé.

En résumé, la thérapie individuelle en Gestalt est une approche psychothérapeutique qui se concentre sur la prise de conscience de l'expérience du moment présent et la responsabilisation.

Le thérapeute et le client.

DANS LA RELATION THÉRAPEUTE-client en Gestalt-thérapie, l'un des éléments clés est le contact. Le thérapeute doit établir un contact authentique avec le client, en étant pleinement présent et attentif à ce qui se passe dans l'ici et maintenant. Cela implique également un ancrage dans le moment présent, sans être distrait par des préoccupations extérieures.

En plus du contact, le thérapeute doit créer un environnement de sécurité pour le client. Cela peut se faire en étant respectueux, en créant un espace sûr et en montrant de l'empathie. Le thérapeute doit également être sincère et transparent dans sa relation avec le client, en partageant ses propres émotions et en étant ouvert aux feedbacks.

Le thérapeute doit également être conscient de ses propres besoins et limitations. Il doit être en mesure de mettre de côté ses propres préoccupations et de se concentrer sur les besoins du client. Il doit également être capable de reconnaître les limites de son rôle et de sa formation.

Dans la relation thérapeute-client, il peut y avoir des éléments de transfert et de contre-transfert. Le transfert se produit lorsque le client projette ses sentiments et ses expériences sur le thérapeute, tandis que le contre-transfert se produit lorsque le thérapeute projette ses propres sentiments et expériences sur le client. Le thérapeute doit être conscient de ces phénomènes et être capable de les gérer de manière professionnelle.

Enfin, le thérapeute doit être capable de faire preuve de sympathie envers le client, en comprenant ses émotions et en les acceptant sans jugement. Cela peut aider le client à se sentir compris et à se connecter avec le thérapeute de manière plus profonde.

VIII - La thérapie de et en groupe.

Généralités.

La Gestalt-thérapie peut être pratiquée en individuel ou en groupe. La thérapie de groupe offre des avantages distincts par rapport à la thérapie individuelle, notamment en termes d'interaction sociale et de soutien mutuel entre les membres. Voici quelques éléments clés de la thérapie de groupe en Gestalt :

1. La dynamique de groupe : La thérapie de groupe offre une occasion unique pour explorer la dynamique de groupe en temps réel. Les membres du groupe peuvent apprendre à mieux comprendre leurs propres modes de communication, leurs tendances relationnelles et les façons dont ils se connectent aux autres.

2. Le soutien mutuel : Les membres du groupe peuvent offrir un soutien mutuel à travers l'expression de leurs expériences et de leurs réactions émotionnelles. En travaillant ensemble, les membres peuvent apprendre à mieux comprendre et à gérer leurs propres émotions.

3. La diversité : Le groupe peut être composé de personnes de divers horizons, cultures et expériences. Cela peut offrir des perspectives et des idées différentes, ainsi qu'une occasion pour les membres de s'ouvrir à de nouvelles perspectives.

4. La confrontation : Les membres peuvent être confrontés à leurs propres schémas de comportement dysfonctionnels à travers l'interaction avec les autres membres du groupe. Le thérapeute peut guider la confrontation de manière à ce qu'elle soit constructive et bénéfique pour le processus thérapeutique.

5. L'expérimentation : La thérapie de groupe offre également des occasions d'expérimenter de nouveaux comportements et de nouvelles façons de se connecter avec les autres. Les membres peuvent recevoir des commentaires et des idées des autres membres du groupe sur la façon de mieux communiquer et d'interagir.

Il convient de noter que la thérapie de groupe peut ne pas convenir à tous les clients, en fonction de leurs besoins et de leurs préférences individuels. Le choix de la thérapie individuelle ou de groupe dépendra de nombreux facteurs, notamment de la nature et de la gravité du problème, des préférences personnelles et des disponibilités du thérapeute et du client.

La base théorique et historique concernant le travail de groupe.

LE TRAVAIL DE GROUPE en psychothérapie a une base théorique et historique importante. En Gestalt-thérapie, l'approche de groupe est enracinée dans la pensée de Kurt Lewin, qui a développé la théorie du champ en psychologie sociale. Selon cette théorie, le comportement humain est déterminé par un champ dynamique de forces psychologiques qui agissent simultanément dans l'environnement. Cette approche a été largement adoptée dans le travail de groupe, où l'environnement social est considéré comme un champ en constante évolution qui peut influencer le comportement des individus.

Les théories psychodynamiques ont également influencé le travail de groupe. Sigmund Freud a introduit l'idée que les problèmes psychologiques sont liés à des conflits internes inconscients, qui peuvent être explorés et résolus à travers la thérapie. Les thérapies de groupe ont également été influencées par les théories comportementales et cognitives, qui mettent l'accent sur l'apprentissage, la modification des comportements et la résolution des problèmes.

Le travail de groupe en psychothérapie a commencé à se développer dans les années 1950 et 1960, avec l'essor du mouvement de l'auto-assistance et des groupes de rencontre. Dans les années 1970, la Gestalt-thérapie a commencé à intégrer le travail de groupe dans sa pratique, avec des thérapeutes comme Fritz Perls et Laura Perls. Depuis lors, de nombreuses autres approches thérapeutiques ont adopté le travail de groupe comme modalité de traitement, notamment la thérapie systémique, la thérapie cognitivo-comportementale et la thérapie psychodynamique de groupe.

Le travail de groupe est maintenant reconnu comme une modalité de traitement efficace pour un large éventail de troubles psychologiques et émotionnels, notamment l'anxiété, la dépression, les troubles de la personnalité, les troubles alimentaires et les troubles de l'adaptation.

La distinction entre la thérapie « de » groupe et la thérapie « en » groupe.

LA THÉRAPIE DE GROUPE et la thérapie en groupe sont deux approches différentes.

La thérapie de groupe implique un processus thérapeutique où le groupe est l'objet de la thérapie. Les membres se réunissent régulièrement pour travailler sur des problèmes communs. Le thérapeute aide les membres à s'exprimer et à explorer leurs problèmes. Les interactions entre les membres sont également importantes dans la thérapie de groupe car elles peuvent offrir un soutien et des perspectives différentes.

La thérapie en groupe, en revanche, est un traitement individuel dispensé dans un contexte de groupe. Dans ce cas, le groupe n'est pas l'objet de la thérapie, mais plutôt un environnement pour la thérapie individuelle. Les membres du groupe partagent des expériences communes, mais l'objectif principal est de travailler sur les problèmes individuels.

La thérapie de groupe a une longue histoire, remontant aux années 1930, lorsque des groupes de thérapie ont été formés pour traiter les patients atteints de tuberculose. Dans les années 1950 et 1960, les thérapies de groupe ont été adoptées dans le traitement des troubles mentaux. Aujourd'hui, la thérapie de groupe est utilisée pour traiter une variété de problèmes, y compris la toxicomanie, la dépression, l'anxiété, les troubles alimentaires et les troubles de la personnalité.

La thérapie en groupe est également devenue populaire dans les années 1950 et 1960, en particulier dans le traitement des toxicomanes et des alcooliques. Elle est également utilisée pour traiter d'autres troubles mentaux, mais elle est souvent considérée comme un complément à la thérapie individuelle plutôt qu'une alternative. La thérapie en groupe peut offrir un soutien émotionnel et social, ainsi que des perspectives différentes sur les problèmes individuels.

En fin de compte, la décision entre la thérapie de groupe et la thérapie en groupe dépend des besoins et des objectifs individuels du patient. Certaines personnes peuvent bénéficier davantage de la dynamique de groupe et du soutien social offert par la thérapie de groupe, tandis que d'autres peuvent préférer la thérapie individuelle plus ciblée. Le choix dépend également de la disponibilité de chaque type de thérapie et des recommandations du thérapeute.

Le déroulé type d'une séance de groupe

LE DÉROULEMENT TYPE d'une séance de groupe peut varier en fonction du type de thérapie de groupe, mais voici quelques éléments communs :

1. Accueil : Le thérapeute accueille les membres du groupe et les invite à s'installer dans un espace dédié.

2. Introduction : Le thérapeute introduit la séance, en rappelant les règles de fonctionnement et en expliquant l'objectif de la séance.

3. Check-in : Chaque membre du groupe peut prendre la parole pour partager son état émotionnel et/ou son vécu depuis la dernière séance.

4. Travail sur le thème : Le travail de groupe peut porter sur un thème ou une problématique spécifique, qui est alors exploré collectivement. Les membres peuvent partager leurs expériences, leurs ressentis, leurs idées et leurs émotions sur le sujet.

5. Feedback : Le thérapeute encourage les membres à donner leur feedback sur les échanges et les interactions au sein du groupe. Cela permet de favoriser la communication, la compréhension mutuelle et la résolution de conflits éventuels.

6. Conclusion : Le thérapeute conclut la séance en rappelant les points clés de l'échange et en invitant les membres à réfléchir à ce qui a été abordé.

7. Clôture : Le thérapeute clôture la séance en remerciant les membres du groupe pour leur participation et en les invitant à prendre rendez-vous pour la prochaine séance.

Il est important de noter que chaque séance peut être différente en fonction des besoins et des objectifs du groupe, ainsi que des événements qui ont pu survenir depuis la dernière séance. Le thérapeute doit donc être capable de s'adapter à chaque situation et de créer un cadre de travail bienveillant et sécurisant pour tous les membres du groupe.

Les règles du travail en groupe.

LES RÈGLES DU TRAVAIL en groupe en thérapie de groupe sont importantes pour maintenir un climat de confiance et de sécurité pour tous les membres du groupe. Voici quelques règles de base :

1. Confidentialité : tout ce qui se dit dans le groupe doit rester dans le groupe. Les membres doivent s'engager à ne pas divulguer les informations partagées lors des séances.

2. Respect : chaque membre doit être respecté dans son individualité et dans sa singularité. Les membres ne doivent pas se juger les uns les autres, ni les critiquer.

3. Écoute active : chaque membre doit être attentif à ce que les autres disent. Il est important de laisser chacun s'exprimer sans l'interrompre.

4. Non-jugement : les membres ne doivent pas porter de jugement sur les autres membres du groupe.

5. Participation : chaque membre doit être actif et participer aux échanges. Il est important de ne pas se replier sur soi-même et de ne pas monopoliser la parole.

6. Ponctualité : chaque membre doit arriver à l'heure et respecter les horaires fixés pour les séances.

7. Engagement : chaque membre doit s'engager à suivre le processus de la thérapie de groupe. Cela signifie être présent régulièrement aux séances et être honnête avec soi-même et avec les autres membres.

8. Ouverture : chaque membre doit être ouvert aux autres et à leurs expériences. Il est important de ne pas se refermer sur soi-même.

Ces règles sont essentielles pour permettre au groupe de fonctionner de manière harmonieuse et pour favoriser la croissance et le changement de chacun des membres.

Le rôle particulier du thérapeute dans le travail « de » et « en » groupe.

LE RÔLE DU THÉRAPEUTE en groupe est différent de celui en thérapie individuelle. En effet, il doit tenir compte des dynamiques de groupe et gérer les interactions entre les membres du groupe tout en maintenant un cadre sécurisant et bienveillant.

Dans le travail « de » groupe, le thérapeute joue un rôle plus actif et directif, il est chargé de l'animation du groupe et de l'organisation des séances. Il guide les échanges, invite chacun à s'exprimer, favorise la communication et la prise de conscience des dynamiques relationnelles. Il peut également proposer des exercices ou des jeux de rôles pour permettre aux membres du groupe d'expérimenter de nouvelles façons de communiquer et d'interagir.

Dans le travail « en » groupe, le thérapeute a un rôle plus observateur et facilite la communication entre les membres du groupe. Il encourage la prise d'autonomie des participants, les aide à identifier leurs propres ressources et compétences, et les soutient dans leur recherche de solutions. Il peut également proposer des temps de réflexion individuelle ou des exercices pour permettre aux participants de mieux se connaître et d'explorer leurs émotions.

Dans les deux cas, le thérapeute doit faire preuve d'une grande écoute, de bienveillance et de neutralité, tout en étant capable de gérer les conflits et les tensions qui peuvent surgir au sein du groupe. Il doit également être capable de faire respecter les règles du groupe et de s'assurer que chacun ait la possibilité de s'exprimer librement. Enfin, il doit être capable de maintenir un cadre sécurisant pour les membres du groupe, en favorisant un climat de confiance et en respectant la confidentialité des échanges.

L'expérience individuelle dans le travail collectif.

L'EXPÉRIENCE INDIVIDUELLE dans le travail collectif peut varier selon les personnes et les situations. Cependant, il y a certains aspects généraux à prendre en compte.

Dans un groupe, chaque individu apporte ses propres expériences, ses ressentis et ses attentes. Ces éléments peuvent être partagés avec le groupe, dans un espace sécurisé et bienveillant créé par le thérapeute. En effet, l'un des rôles du thérapeute est de favoriser l'expression des ressentis et des émotions, tout en maintenant une certaine régulation émotionnelle dans le groupe.

Le travail en groupe peut également permettre de vivre des expériences relationnelles nouvelles et enrichissantes. Les membres du groupe peuvent interagir les uns avec les autres, se soutenir mutuellement, se confronter, se découvrir et se redécouvrir. Ces interactions peuvent aider les participants à mieux comprendre leur propre fonctionnement, ainsi que les dynamiques relationnelles qu'ils entretiennent avec les autres.

Cependant, l'expérience individuelle dans un groupe peut également être source d'anxiété, de confusion ou de désarroi. Il peut y avoir des moments de doute, de frustration ou de colère. Le thérapeute doit être présent pour accompagner les participants dans ces moments difficiles, tout en maintenant un cadre sécurisant pour le groupe dans son ensemble.

Enfin, l'expérience individuelle dans un groupe peut également être influencée par les différences culturelles, sociales ou personnelles des membres du groupe. Il est important que le thérapeute prenne en compte ces différences, et aide les membres du groupe à comprendre et à respecter les points de vue des autres, tout en préservant leur propre intégrité personnelle.

La prise de conscience aiguë avec le groupe.

LA PRISE DE CONSCIENCE aiguë, ou PCA, est une expérience souvent vécue lors de thérapies de groupe. Elle consiste en une prise de conscience soudaine, intense et souvent émotionnelle, qui permet au participant de découvrir une partie de lui-même qu'il ignorait jusqu'alors. Cette prise de conscience peut être accompagnée d'une libération émotionnelle ou d'un soulagement, et peut avoir un impact profond sur la vie du participant.

La PCA peut être déclenchée par différents éléments : une interaction avec un autre participant ou avec le thérapeute, une situation ou un événement particulier, une observation de soi ou des autres, etc. Elle peut être positive ou négative, et peut amener le participant à remettre en question des croyances ou des schémas de pensée limitants.

En thérapie de groupe, la PCA peut être particulièrement puissante en raison de la dynamique de groupe. Les interactions avec les autres membres du groupe peuvent susciter des réactions émotionnelles intenses et permettre au participant de voir des aspects de lui-même qu'il ne percevait pas auparavant. Le thérapeute peut également aider à faciliter la PCA en posant des questions pertinentes, en offrant un soutien émotionnel et en créant un climat de sécurité propice à l'expression de soi.

Il est important de noter que la PCA peut être une expérience difficile à vivre pour certains participants, en particulier s'ils n'ont pas l'habitude de se connecter à leurs émotions ou s'ils ont des difficultés à accepter certaines parties d'eux-mêmes. Le rôle du thérapeute est alors de les accompagner dans ce processus et de les aider à intégrer cette nouvelle compréhension de soi dans leur vie quotidienne.

Les mises en garde par rapport à la Gestalt-thérapie en groupe.

LA GESTALT-THÉRAPIE en groupe peut être très efficace pour aider les individus à explorer leurs comportements et leurs émotions dans un environnement de soutien et d'encouragement mutuel. Cependant, il y a aussi des mises en garde à prendre en compte avant de s'engager dans une thérapie de groupe en Gestalt :

1. La dynamique de groupe peut être très intense et peut parfois créer des tensions entre les membres du groupe. Les individus peuvent se sentir vulnérables et exposés en partageant leurs expériences et leurs émotions devant d'autres personnes. Il est important de trouver un groupe avec lequel vous vous sentez à l'aise et en confiance.

2. Le thérapeute peut ne pas être en mesure de fournir une attention individuelle à chaque membre du groupe lors d'une seule séance, car il doit tenir compte des besoins de l'ensemble du groupe. Cependant, il est important que chaque membre se sente écouté et compris.

3. Les individus peuvent se sentir obligés de participer à des exercices ou des activités qui les mettent mal à l'aise ou qui vont à l'encontre de leurs valeurs personnelles. Il est important que chaque membre du groupe ait la liberté de décider de son niveau de participation et de se sentir en sécurité.

4. Les membres du groupe peuvent se sentir en concurrence les uns avec les autres, ce qui peut perturber la dynamique du groupe et limiter les bénéfices thérapeutiques pour chaque individu. Il est important de se concentrer sur le travail individuel plutôt que sur la comparaison avec les autres membres du groupe.

5. Le travail en groupe peut révéler des conflits et des problèmes

interpersonnels entre les membres du groupe, ce qui peut être difficile à gérer pour le thérapeute. Il est important de respecter la confidentialité de chaque membre du groupe et de veiller à ce que le groupe reste un environnement sûr et respectueux.

En fin de compte, il est important de se rappeler que la Gestalt-thérapie en groupe peut être une expérience positive et édifiante si elle est menée de manière appropriée et avec des précautions adéquates. Il est important de choisir un groupe avec lequel vous vous sentez en sécurité et de travailler avec un thérapeute compétent et expérimenté pour vous guider dans votre voyage de découverte de soi.

Un exemple type de séance du « processus groupal »

LE PROCESSUS GROUPAL est un concept clé de la Gestalt-thérapie en groupe. Il s'agit d'un processus dynamique et évolutif qui se déroule tout au long de la séance et qui implique tous les membres du groupe. Voici un exemple type de séance de processus groupal :

La séance commence par un temps d'accueil et de présentation, durant lequel chaque membre du groupe se présente brièvement et exprime son ressenti et ses attentes pour la séance.

Ensuite, le thérapeute propose un exercice ou une consigne, qui vise à favoriser l'expression des émotions, des sensations corporelles ou des pensées des membres du groupe. Cet exercice peut prendre la forme d'un jeu de rôle, d'une exploration sensorielle, d'une visualisation, ou d'une improvisation.

Pendant l'exercice, le thérapeute observe attentivement les interactions entre les membres du groupe, les échanges verbaux et non verbaux, les gestes et les attitudes. Il encourage la participation de tous, tout en veillant à respecter les limites et les besoins de chacun.

À la fin de l'exercice, le thérapeute invite les membres du groupe à partager leur vécu et leur ressenti, en utilisant des phrases démarrant par "Je". Chacun peut ainsi exprimer son expérience personnelle, sans jugement ni interprétation.

Ensuite, le thérapeute peut proposer une mise en commun des différents vécus, en cherchant les similitudes et les différences entre les membres du groupe. Cette mise en commun permet de mettre en lumière les processus interpersonnels qui se sont joués durant l'exercice, et de favoriser une meilleure compréhension de soi et des autres.

Enfin, la séance se termine par un temps de clôture et d'intégration, durant lequel le thérapeute invite les membres du groupe à partager leurs ressentis sur la séance et sur leur évolution au sein du groupe.

Il peut également proposer des exercices à réaliser entre les séances, pour favoriser l'intégration des prises de conscience et des changements amorcés.

Ce processus groupal permet ainsi de travailler sur les interactions entre les membres du groupe, sur la communication et la relation à l'autre, tout en favorisant une meilleure connaissance de soi et une évolution personnelle.

Bibliographie

1. La Gestalt-thérapie : théorie et pratique - Jean-Marie Robine, Gilles Delisle et Serge Ginger (InterEditions, 1999)

2. Gestalt-thérapie : fondements et méthodes - Jean-Marie Robine, Gilles Delisle et Serge Ginger (InterEditions, 2005)

3. Le corps dans la Gestalt-thérapie - Serge Ginger (InterEditions, 1999)

4. La Gestalt-thérapie expliquée à tous : fondements théoriques, applications pratiques - Muriel Meynard (Dunod, 2015)

5. Gestalt-thérapie : une thérapie de contact - Jean-Pierre Klein et Joseph Zinker (Dunod, 2011)

6. Le cycle du contact : une approche gestaltiste de la relation - Erving et Miriam Polster (Dunod, 2003)

7. Gestalt-thérapie : de l'expérience vécue à l'expérience en mouvement - Ruella Frank (Dunod, 2004)

8. Le dialogue intérieur : comment se parler à soi-même - Hal Stone et Sidra Stone (Le Souffle d'Or, 2006)

9. Psychopathologie et processus de changement - Joseph Melnick et Patrice Cuynet (Dunod, 2003)

10. La thérapie de groupe : théorie et pratique - Yvonne Agazarian (Dunod, 2003)

Don't miss out!

Visit the website below and you can sign up to receive emails whenever Yves Guéchi publishes a new book. There's no charge and no obligation.

https://books2read.com/r/B-A-FPYDB-SVMYC

BOOKS 2 READ

Connecting independent readers to independent writers.

Also by Yves Guéchi

Religion et Spiritualité
The Kybalion's Guide

Sciences de l'éducation
Guide Pratique d'Andragogie
Le Guide essentiel du formateur

Standalone
Le networking
Networking - Expand your network professional
La Gestalt-thérapie Simplifiée

About the Author

Yves Guéchi, écrivain passionné, excelle dans les sciences de l'éducation, les romans éducatifs, et explore la spiritualité et la religion.

Son engagement profond se reflète dans des œuvres captivantes qui marient intrigue narrative et pédagogie. Polyvalent, il enrichit la littérature en offrant des perspectives uniques sur l'éducation et la spiritualité.

Yves Guéchi se distingue comme un érudit contemporain incontournable.

Read more at https://www.auteur.yvesguechi.fr/.